公司治理结构中
法律风险控制及案例解析

袁　泉　著

中国商业出版社

图书在版编目(CIP)数据

公司治理结构中法律风险控制及案例解析 / 袁泉著. — 北京 : 中国商业出版社，2024.4

ISBN 978-7-5208-2902-1

Ⅰ. ①公… Ⅱ. ①袁… Ⅲ. ①公司法－案例－中国 Ⅳ. ①D922.291.915

中国国家版本馆 CIP 数据核字(2024)第 091827 号

责任编辑:管明林

中国商业出版社出版发行
(www.zgsycb.com　100053　北京广安门内报国寺 1 号)
总编室:010－63180647　编辑室:010－83114579
发行部:010－83120835/8286
新华书店经销
天津和萱印刷有限公司印刷
*
787 毫米×1092 毫米　16 开　7 印张　122 千字
2024 年 4 月第 1 版　2024 年 4 月第 1 次印刷
定价:45.00 元
* * * *
(如有印装质量问题可更换)

前　言

随着全球化和市场经济的发展，公司治理结构中的法律风险控制问题越来越受到关注。现代企业的竞争环境日益复杂，面临的法律风险也日益增多，因此，如何有效地进行法律风险控制成为公司治理结构中的重要环节。现代企业的生存和发展不仅受到内部管理的影响，还受到外部法律环境的影响。因此，深入探讨公司治理结构中法律风险控制的重要性和必要性，并结合新型案例进行解析，对于企业的可持续发展具有重要意义。

本书从公司治理结构中的法律风险识别与评估入手，对公司治理结构中的法律风险控制机制、监管及策略进行了全面分析，并在此基础上对公司治理结构中法律风险控制实践进行了探讨，最后对新型案例进行了全面解析。希望通过本书的介绍，能够为读者在公司治理结构中法律风险控制方面提供帮助。

在写作过程中，笔者参考了部分相关文献、资料，获益良多，在此谨向其作者表示衷心的感谢。

由于笔者水平有限，部分问题的研究还待进一步深化、细化，书中难免存在不足之处，敬请广大读者批评指正。

袁　泉

2024 年 3 月

目　录

第一章　公司治理结构中的法律风险识别与评估

第一节　公司治理结构中的法律风险概述

一、法律风险的定义、分类及特征

（一）法律风险的定义

法律风险作为企业管理中的重要概念，其定义的准确性和清晰性对于深入理解和有效管理公司治理中的法律风险至关重要。在实践和研究中，对于法律风险的定义存在多种观点和解释。从不同的角度和层面来看，法律风险可以被定义为一种潜在的不确定性，来源于法律法规、合同协议和司法实践等方面，可能对企业的利益产生负面影响。

在法律风险的定义中，法律法规的因素是不可忽视的。法律法规作为公共规范的表现，包括宪法、法律法规、法规性文件和行政法规等。企业在经营过程中，必须遵守各项法律法规的要求，否则将面临法律风险的威胁。例如，企业违反劳动法规定，不给予员工合理的工资和福利待遇，可能会引发劳动纠纷，甚至面临法律责任。

在法律风险的定义中，合同协议也是一个重要的方面。合同是企业与外部合作伙伴之间的一种约束和规范关系。当企业无法履行合同义务或者合同中的条款模糊不清时，将产生法律风险。比如，当企业与供应商签订的合同中没有明确规定货款支付时间和方式，可能导致供应商提起诉讼要求支付违约金。

在法律风险的定义中，司法实践中的因素也需要被考虑。司法实践是法律的体现和具体应用，包括相关案例和判例法。司法实践对于企业合法经营和风险识别起着重要的作用。例如，在某个行业出现了一起特殊的法律案例，如果企业在经营过程中无法及时回应和应对，可能会遭受重大法律风险。

（二）法律风险的分类

根据风险的性质和产生原因，法律风险可以分为合同风险、诉讼风险、合规风险和监管风险等几个主要类别。

1.合同风险

合同风险是指由于合同履行过程中的争议、解释差异或合同条款不明确等，造成公司面临违约风险或经济纠纷的风险。在商业活动中，公司与供应商、客户、员工等各方签订的合同涉及各种权益和义务，因此，缺乏严谨的合同管理和风险识别可能导致合同风险的发生。

2.诉讼风险

诉讼风险是指公司在法律程序中可能面临的风险。诉讼作为争议解决的一种方式，当公司面临与他人的法律纠纷时，诉讼风险便会凸显。不同于合同风险，诉讼风险与公司的法律处境直接相关，对公司的声誉、财务状况和经营活动均会产生重大影响。

3.合规风险

合规风险是指公司在日常运营过程中未能遵守相关法律法规、行业标准或内部规章制度所产生的风险。由于法律法规的多变性和复杂性，公司往往面临着合规风险的挑战。合规风险的发生可能导致公司面临行政处罚、声誉受损或经营活动受限等不利后果。

4.监管风险

监管风险是指公司在与监管机构之间的互动中可能发生的风险。监管机构作为对公司行为进行监管和约束的机构，其监管措施和政策的变化都会对公司的经营活动产生重要影响。因此，公司需要密切关注相关法律法规和政策的变化，及时进行风险识别和调整。

(三)法律风险的特征

1.法律风险具有复杂性和不确定性

法律体系通常是复杂而庞大的，由许多法律法规、判例以及行政规章等构成。不仅如此，法律面对的社会现实问题在不断变化，导致法律的解释和适用也在不断发展。因此，法律风险往往具有不确定性，难以完全预测和确定。

2.法律风险具有多样性和多元性

不同行业、不同国家、不同文化背景下的法律规定和风险因素是各不相同的。公司在国际化过程中，面临的法律环境也会受到不同国家法律体系和国际法的影响。因此，法律风险的种类繁多，需要有针对性地加以识别和评估。

3.法律风险具有系统性和综合性

公司治理结构中的法律风险通常涉及多个层面和多个环节，涉及公司内部的组织管理、决策制定、合同签订等方面，也涉及公司对外经营的合规性、知识产权保护等问题。因此，对于法律风险的识别和处理需要综合考虑各个方面的因素，并建立完整的管理体系。

4.法律风险具有动态性和变化性

法律环境和司法实践都是不断变化和发展的，相关法律法规的出台和修订、判例的产生都会对公司的法律风险产生影响。同时，社会经济、技术进步等因素也会引发新的法律风险。因此，公司需要时刻关注法律环境的变化，及时调整风险防控策略。

二、公司治理结构的定义与组成

(一)公司治理结构的定义

公司治理结构是指为了实现公司长期稳定发展和维护利益相关方利益而建立的一系列制度、程序和机制。它是公司内部组织结构、决策权和控制权的分配以及运作方式的总称。公司治理结构的主要目标是确保高效的决策制定和执行，避免滥用权力和资源浪费。

(二)公司治理结构的组成

公司治理结构作为有效治理的基础，由多个组成要素构成。在对公司治理结构进行综合研究时，笔者可以从以下几个方面来进行分析。

董事会作为公司治理结构的核心组成部分，发挥着重要的决策和监督职能。董事会由一群经验丰富、具有专业知识的人士组成，他们负责制定公司的战略方针和决策，并监督公司高层管理人员的行为。董事会成员的选拔和激励机制对于公司治理结构的有效性至关重要。

股东大会作为公司治理结构的另一个重要组成部分，是公司治理的决策机构。股东大会是公司所有股东的集会，股东在大会上行使他们的表决权，决定公司的重大事务，如董事的选举、公司章程的修改等。通过股东大会的参与和监督，可以确保公司高层管理人员的行为符合股东的意愿。

监事会作为公司治理结构的监督机构，负责对公司管理层的行为进行监督。监事会的成员由股东大会选举产生，他们对公司的财务状况和经营状况进行监督，确保公司的经营活动合法、透明和符合法律法规要求。监事会通过制定监管政策和程序，加强对公司内部控制的监督，防止潜在的违法风险。

高管团队是公司治理结构中不可或缺的一环。高管团队由公司的核心管理人员组成，负责具体的经营管理工作。这些高管人员应具备专业知识和管理经验，他们的行为在一定程度上决定了公司的经营绩效和风险控制效果。因此，建立适当的激励机制和考核制度，对高管团队的优秀表现给予肯定，能够提高公司治理结构的效能。

中国法律法规作为公司治理结构的基本依据和约束力，对公司治理的健康发展起着重要的作用。法律法规明确了公司治理结构的基本原则和规范要求，如信息披露、关联交易、内幕交易等。公司应该严格遵守相应的法律法规，对违法行为进行严肃处理，从而确保公司治理结构的合规性和稳定性。

三、公司治理结构中法律风险的来源

(一)内部治理结构中的法律风险

内部治理结构包括董事会、监事会、经理层等，他们拥有权力和责任来管理和监督公司的运营。然而，不完善的内部治理结构可能导致法律风险的产生和扩大。

内部治理结构中的法律风险可以源自董事会的决策失误和管理不善。董事会是公司的最高决策机构，负责制定公司的战略方向和政策，但如果董事会成员缺乏专业知识或存在不当行为，就会增加法律风险的发生概率。例如，董事会成员未能履行尽职义务，未能审慎评估公司的财务报告或合同协议，就可能导致违法行为或侵权行为的发生。

监事会作为董事会的补充和监督机构，也可能存在法律风险。监事会的职责包括监督董事会决策的合法性和合规性以及对公司财务报告的审查等。如果监事会成员缺乏独立性或受到操纵，就可能无法有效履行监督职责，从而带来法律风险。例如，监事会成员与董事会成员存在利益冲突，可能导致监事会监督不力，错过关键的风险识别和控制。

经理层作为公司运营的执行者，在内部治理结构中也可能引发法律风险。经理层负责公司日常的经营管理，包括合同签订、人员招聘等重要环节。如果经理层缺乏合规意识或行为不端，就可能产生法律风险。例如，经理层在签订合同时泄露公司机密或未按照法律规定办理相关手续，可能导致公司合同纠纷或违法行为。

（二）外部环境中的法律风险

外部环境中的法律风险涵盖了与公司相关的各种法律、政策和市场变化，对公司的经营活动和法律合规性产生直接或间接的影响。

法律风险可能源于不稳定的法律和政策环境。随着社会和经济的发展，法律和政策环境常常发生变化，这可能对公司的经营产生不利的影响。例如，某项新颁布的法律可能限制了公司的某些业务行为或要求公司改变其经营模式。如果公司没有及时关注并适应变化，可能会面临法律的制裁和经营上的困难。

法律风险还可能源于不可控的市场风险。市场环境的变动可能导致公司面临各种法律风险。例如，市场竞争激烈可能导致公司被竞争对手投诉或起诉，以迫使其停止某项业务或行为。金融市场的波动和政策的调整也可能对公司的投资和资金运作带来法律风险，使公司面临经济损失和合规压力。

全球化的经济发展也给公司带来了跨国市场和法律环境的挑战。公司如果涉足跨国市场，就必须面对不同国家之间的法律差异和法律风险。不同国家和地区的法律体系、合同要求和知识产权保护等方面存在差异，公司要顺利开展跨国业务，就必须了解并遵守相关国家的法律法规，以防止法律纠纷和合规风险的发生。

公司应该密切关注法律和政策的变化，及时调整经营策略和合规措施以应对风险。公司还应该在拓展国际市场时加强对不同法律环境的了解和合规管理，以确保跨国业务的顺利进行。通过有效识别和管理外部环境中的法律风险，公司能够增强法律合规性，保护自身利益，提升企业治理的效果和形象。

(三)法律制度中的法律风险

在公司治理结构中,法律制度涉及公司与外部环境的关系、公司内部的规范和运作机制等诸多方面。然而,法律制度本身也存在一定的法律风险。

法律制度的不完善可能导致法律风险的增加。一个成熟的法律制度应该涵盖各个领域的法律规定,以确保公司在经营过程中能够得到合法的保护和支持。如果法律制度存在漏洞或不完善的地方,就可能会给公司带来法律风险。例如,缺乏明确的法律规定或执行力不强的法律,可能导致公司面临合同纠纷、知识产权侵权等问题,进而影响公司的正常经营。

法律制度的频繁变动也可能带来法律风险。随着时代的发展和社会的变迁,法律制度需要不断地进行调整和完善,以适应新的情况和需求。频繁的法律变动可能会给公司带来不确定性和法律风险。因为随着法律的变动,公司可能需要进行相应的调整和合规工作,否则就可能违反新的法律规定而面临处罚。这对于公司而言不仅需要投入大量的人力和物力,还可能影响公司的经营计划和发展战略。

不同地区的法律制度差异也可能导致法律风险的存在。在国际化经营的背景下,很多公司涉及跨境合作和跨国经营,必须同时遵守不同国家或地区的法律规定。各国或地区的法律制度存在差异,包括法律法规的体系结构、法律适用的方式等方面。这就给公司带来了更多的法律风险,需要在遵守本国法律的前提下,理解和遵守其他国家或地区的法律规范。

四、公司治理结构中的具体法律风险

(一)股东权利和义务风险

1.股东权利风险

股东在公司治理中可能面临的风险之一是股东权益被侵害。这包括股东投票权被限制、股东利益被忽视或不被尊重等情况。例如,一些公司可能通过发行多种股份或设立多层次股权结构,从而削弱了小股东的股东权益,这给小股东的投资安全带来了风险。

股东面临的权利风险还包括信息不对称的问题。在公司决策和经营过程中,公司管理层可能掌握了比股东更多的信息，这导致股东在决策中处于不利地位。作为股东，他们有权获取公司的信息，但如果公司没有提供足够的透明度和披露信息的义务，股东无法全面了解公司的经营情况和决策依据，从而难以做出明智的决策，而这又增加了股东的投资风险。

股东权利的行使也面临着弱化的风险。虽然股东在公司决策中拥有一定的权力，例如，行使表决权、参与决策等，但有时候他们的权力可能受到限制。例如，一些公司设立了过于庞大的董事会或股东会，导致决策权过于分散，小股东的权力很难得到有效行使，这可能使得股东的权利失去实质性的保障，进而增加了他们的投资风险。

2. 股东义务风险

股东是公司的所有者，他们肩负着维护公司利益和履行特定义务的责任。然而，由于股东数量庞大且分散，他们之间的利益可能存在冲突，从而导致义务风险的产生。

一方面，义务风险体现在股东对公司的投资义务上。股东作为公司的所有者，应当承担起向公司提供资金的义务。然而，由于股东数量众多，有些股东可能不履行投资义务，导致公司资金短缺，影响公司正常经营。此外，一些股东可能滥用股东权益，通过操纵股价等手段谋取私利，损害其他股东的利益。

另一方面，义务风险还涉及股东对公司经营的监督义务。作为公司的所有者，股东有责任监督公司管理层的决策和行为是否合理、合法。然而，由于股东数量众多且分散，股东往往难以有效地行使监督职责。一些股东可能缺乏足够的知识和经验，无法对公司经营状况进行准确评估，从而导致监督不力，对公司的违法违规行为造成了隐患。

与此同时，义务风险还涉及股东对公司决策的参与义务。根据公司法规定，股东在重大事项上享有表决权，应当积极参与公司决策的过程。然而，由于股东数量庞大，有些股东可能缺乏参与意愿，甚至进行虚假表决，导致公司决策的不合理性和无效性。

3. 股东权利和义务风险管理与防范

为了有效管理和防范公司治理结构中的法律风险，必须制定合适的风险管理与防范措施。下面将重点探讨股东权利和义务风险、董事会职责风险以及监事会职责风险等方面的风险管理与防范。

针对股东权利和义务风险，公司应该建立健全的股东权利保护机制。这包括确保股东在公司事务中的合法权益，保障其参与决策和控制公司的权利。同时，公司还需明确股东的股权和利益的限制，以防止滥用股东权利导致违法行为的发生。此外，公司还应加强对股东行为的监督与检查，在必要时采取法律手段维护股东权益。

针对董事会职责风险，公司应设立独立的审计委员会，加强对董事会成员的监督与约束。审计委员会应具备独立性和专业性，并负责监督公司内部控制体系的有效运作。此外，公司还应加强董事会成员的培训和教育，提升其法律意识和风险管理能力，以减少董事会职责风险的发生。

针对监事会职责风险，公司应确保监事会的独立性和法律责任。监事会在履行职责时应秉持公正、客观、公平的原则，对公司经营状况和财务报告进行监督与审查。此外，公司还应建立健全的内部监督机制，确保监事会履行职责的有效性。

针对公司管理层职责的风险，公司应加强对管理层的人事选拔和培养。公司应注重管理层的综合素质和道德品行，确保其具备扎实的业务知识和管理能力。同时，公司还需建立完善的管理层绩效考核制度，激励管理层积极履行职责，降低管理层职责风险的发生。

（二）董事会职责风险

1. 董事会职责风险概述

董事会职责风险包括对公司决策的影响和管理责任的履行。董事会成员在决策过程中必须充分考虑股东利益并合理行使自己的权力，但在现实情况下，可能面临暗箱操作、利益冲突等问题。这些问题有可能导致公司决策的不公正和不透明，使股东权益受损，进而带来法律责任和声誉风险。

董事会职责风险也与对公司的管理责任有关。董事会负责监督和指导公司的管理层，确保公司的治理和运营合规和高效。由于信息不对称、精力分散、职责冲突等，董事会可能无法有效履行其职责。这可能导致公司管理层存在违法违规行为、决策失误等问题，从而增加公司法律风险和经营风险。

董事会职责风险还与公司内部控制和风险管理体系的建设有关。董事会应该确保公司具备有效的内部控制和风险管理机制，以应对各类风险。然而，如果董事会在内部控制和风险管理方面存在疏忽或失职，可能会导致公司无法及时识别、评估和应对风险，进而产生不可预测的法律和经营风险。

2. 董事会风险产生原因

在公司治理结构中，董事会职责风险的产生主要源于以下几个因素。

(1)信息不对称导致的风险。董事会作为公司决策的核心机构，需要在制定战略、监督经营等方面做出重要决策。然而，由于信息的不对称性，董事会成员往往无法同时获取到所有必要的信息，从而可能导致决策的失误和风险的产生。例如，存在董事会成员无法获取到关键财务信息的情况，导致无法全面评估公司的财务状况和风险。

(2)利益冲突引发的风险。董事会成员通常具有各自的私人利益，在决策过程中可能受到私利的驱使而做出不利于公司整体利益的决策，从而引发风险。例如，某些董事会成员可能有与公司竞争的关联企业，就可能出现他们利用公司资源来支持自己的关联企业，而忽略公司整体利益的情况。

(3)决策失误带来的风险。董事会成员的决策不仅受到信息不对称和利益冲突的影响，还容易受到自身能力和经验的限制，导致决策的不准确和错误。例如，某些董事会成员可能缺乏行业知识或经验，导致他们在面对复杂的经营环境和变化的市场情况时无法做出准确的决策，从而带来风险。

(4)监督不到位引起的风险。董事会作为公司内部的监督机构，应对公司的经营进行全面的监督和检查，以保证公司运作的合法性和合规性。然而，如果董事会监督不到位，未能及时发现和纠正问题，就可能导致风险的产生和扩大。例如，董事会可能未能有效监督公司高层的行为，导致高层利用职权进行腐败行为，给公司造成巨大的财务和声誉风险。

(三)监事会职责风险

1. 监事会职责风险概述

职责风险是指监事会在履行职责过程中可能面临的各种风险和挑战。

监事会可能面临的职责风险之一是信息获取的不足。监事会需要及时、准确地获取关于公司经营情况、财务状况以及潜在风险等方面的信息，以便能够充分了解公司的运营状况并有效地履行监督职责。由于信息获取渠道的限制或信息传递不畅等，监事会可能无法获得必要的信息，这将增加其在履行职责过程中的风险。

监事会还可能面临独立性和利益冲突等职责风险。作为监督机构，监事会的独立性至关重要，以便能够客观、中立地履行职责。监事会成员可能面临来自股东、高级管理层以及其他利益相关者的各种压力和影响，这可能对其独立性产生负面影响。如果监事会成员与公司存在利益冲突，比如，拥有大量股份或有其他经济利益的关系，也可能降低其对公司的监督能力。

监事会还可能面临职责范围不清或审计等方面的风险。监事会的职责范围涉及对公司经营决策的监督、对重大事项的审议以及对公司财务状况的审计等方面。如果监事会的职责范围没有明确界定或没有实际执行，或者监事会对财务状况的审计不够深入，都可能导致职责风险的出现。

2. 监事会风险产生原因

风险是监事会职责的重要方面，其产生的原因多种多样。首先，公司治理结构不完善可能导致监事会职责的风险增加。当公司存在信息不对称、利益冲突时，监事会难以有效履行其职责，从而增加风险。其次，监事会成员的素质、能力和专业知识水平不足也是风险产生的原因之一。如果监事会成员缺乏必要的专业知识和经验，很难对公司的运营状况、财务状况进行准确的评估，从而影响监事会的监督效果，增加风险。再次，监事会成员之间的合作和沟通不畅通也会导致风险的产生。如果监事会成员之间存在冲突、分歧或信息交流不畅，将很难形成有效的监督机制，进而造成风险的增加。最后，外部环境因素也是监事会职责风险产生的原因之一。例如，政策法规的变化、经济形势的不稳定以及行业竞争压力的增加都可能对监事会职责产生不利影响，进而增加风险。

3. 监事会风险与公司治理的关系

监事会作为公司治理结构的重要组成部分，在风险管理和防范方面扮演着重要的角色。其职责主要包括对公司经营活动的监督、对董事会和高级管理层的监察，以及对公司财务状况的审查等。监事会在履行职责的过程中，也面临着各种风险。了解监事会风险与公司治理的关系，对于加强公司治理、预防法律风险具有重要意义。

一方面，监事会风险与公司治理密切相关。一个有效的监事会可以提供良好的公司治理环境，有利于预防和管理各种法律风险。监事会通过对公司经营活动的监督和董事会的监察，能够及时发现和纠正违规行为，保护股东权益，并维护公司的声誉和形象。监事会的存在和工作有效与否，对公司治理的质量和效果产生重要影响。

另一方面，监事会风险的产生原因多种多样。监事会风险可能源于监事会成员的不作为或不当行为，也可能源于监事会的组织结构和运作机制存在的问题。其一，监事会成员缺乏专业知识和经验，不能独立、客观地履行监事会职责，从而无法有效监督公司的经营活动。其二，监事会的组织结构和运作机制缺乏透明度和有效性，导致监事会职责无法得到充分履行，监事会无法发挥应有的作用。

在风险控制与防范方面，监事会应采取一系列措施来有效防范和应对监事会风险。第一，监事会应加强成员的培训和教育，提高其知识和专业能力，以更好地履行监事会职责。第二，监事会应建立和完善相关的制度和规范，明确监事会的职权和责任，规范监事会的运作。第三，监事会还应加强与董事会和高级管理层的沟通和协作，形成有效的监督合力，减少监事会风险的产生。

公司应建立健全公司治理结构和制度，明确各方面的权责，确保监事会能够正常履行职责。此外，公司还应加强内部控制和风险管理，建立起一套完善的风险管理机制，及时发现和应对潜在的法律风险。只有公司治理得到有效强化，监事会风险才能得到有效预防和控制。

监事会风险与公司治理密切相关，了解监事会风险与公司治理的关系对于加强公司治理、预防法律风险具有重要意义。通过加强监事会的培训和教育、完善监事会的组织结构和运作机制，以及加强公司治理的强化，可以有效预防和控制监事会风险，提高公司的风险管理能力和治理水平。

(四)公司管理层职责的风险

1. 公司管理层职责风险概述

在公司治理结构中，管理层作为履行公司职责的主体，承担着决策、执行和监督等多重职责。然而，随着公司规模和复杂度的增加以及市场环境的不确定性，管理层在履行职责过程中面临着一系列潜在的风险。

职责风险源于管理层对公司目标和利益的理解和追求的不一致性。管理层成员在职责分工、决策权和激励机制等方面存在差异，可能导致他们对公司利益的认知和追求存在差异。一些管理层成员可能更注重自身利益，忽视公司整体利益，甚至出现利益冲突，给公司带来潜在风险。

职责风险还源于管理层在决策过程中的偏颇和失误。由于管理层的决策涉及战略、运营、财务等多个方面，涉及的信息和风险众多。如果管理层缺乏准确的信息、有效的分析能力和科学的决策方法，可能导致决策的偏颇和失误，增加公司面临的风险。

职责风险还涉及管理层对于公司运营和绩效管理的监督与控制。管理层应当监督和控制公司整体运营，确保公司业务的合规性和稳定性。如果管理层在监督和控制方面存在不力或有失职行为，就会给公司带来严重的风险。例如，管理层可能忽视风险管理、内部控制和合规的重要性，导致公司陷入法律纠纷、声誉受损等风险。

2.公司管理层风险产生原因

公司管理层在履行职责时可能存在信息不对称的情况。这意味着公司高层管理者可能拥有更多的信息，而较低层级员工和股东则难以获得同等的信息。这种信息不对称可能导致管理层在决策过程中优先考虑自身利益，忽视了股东和其他利益相关者的权益。因此，信息不对称是导致风险产生的一个主要原因之一。

公司管理层职责风险还可能源于管理层的行为失范。管理层的不端行为，如贪污腐败、操纵财务报告、违反内部控制规定等，都会对公司造成巨大的风险。这些行为的发生往往涉及个人的道德品质以及内部控制失效等问题。管理层缺乏以公司长远利益为导向的道德和职业操守，容易陷入短期利益的陷阱，从而给公司带来风险和损失。

公司管理层在职责履行中也可能受到外部环境的影响而产生风险。例如，市场需求的变化、技术创新的进步、竞争格局的变化等因素都可能对公司管理层的决策产生重大影响。管理层需要及时应对这些外部变化，并采取相应的战略调整和决策措施，否则就可能面临风险和挑战。

公司管理层职责风险还与公司内部的组织结构和制度有关。如果公司内部的结构和制度不健全，如决策机制不透明、权责不分明、信息流通不畅等，那么就很容易导致管理层职责的风险。这些问题可能会使得管理层难以有效履行职责，进而影响公司的正常运作和发展。

第二节　公司治理结构中的法律风险识别

一、法律风险识别的作用

(一)预防法律违规行为

通过有效的法律风险识别,可以在事前及时发现潜在的法律风险,从而采取相应的措施加以预防。

预防法律违规行为可以帮助公司避免法律责任和经济损失。随着法律环境的变化和法规的不断更新,公司可能面临各种潜在的法律风险。例如,违反劳动法规定、侵犯知识产权等,都可能导致公司遭受巨大的法律风险和赔偿责任。通过对法律风险的识别,公司可以及时采取相应的措施,避免违规行为的发生,减少不必要的法律风险。

预防法律违规行为还可以增强公司的声誉和信誉。法律违规行为不仅可能给公司带来法律风险,也会损害公司形象和声誉。作为一家合规经营的企业,公司应当充分认识到遵守法律法规的重要性,并通过预防法律违规行为,树立良好的企业形象,赢得投资者、客户和合作伙伴的信任。

预防法律违规行为还可以保护公司员工的利益。合规经营不仅是公司的责任,也是对员工的保护。通过预防法律违规行为,可以减少员工因公司违法行为而受到的伤害,确保员工的权益得到合理保护。同时,预防法律违规行为还可以提高员工的法律意识和合规意识,促进员工遵守法律法规,维护公司的长期发展。

(二)优化公司决策

通过有效地识别法律风险,公司能够更加客观地评估决策的潜在风险和影响,从而做出更加明智和负责任的决策。

法律风险识别有助于排除决策中的法律障碍。在制定决策时,公司往往需要考虑法律法规的限制和要求。通过及时识别和评估潜在的法律风险,公司可以确保其决策符合法律法规的规定,避免违法行为带来的法律责任和不良后果。例如,一家公司考虑进行横向联合开展业务时,法律风险识别可以帮助公司发现可能存在的反垄断风险,从而避免违反反垄断法规。

法律风险识别还有助于减少决策中的纠纷和争议。在公司运营中，往往会面临各种合同、协议和其他法律文件的签署和执行。通过对这些文件进行仔细审查和法律风险识别，公司可以避免因合同违约或法律漏洞带来的纠纷和争议。例如，一家公司考虑与供应商签订重要合同，在决策过程中进行细致的法律风险识别，可以帮助公司发现可能存在的合同漏洞或风险，并及时采取相应措施避免潜在的纠纷。

法律风险识别也有助于优化公司决策的可行性分析。在进行战略规划或关键投资决策时，公司需要评估项目的法律合规性和可行性。通过全面了解法律环境和相关法律要求，公司可以更好地评估决策的可行性，并做出符合法律要求和利益最大化的决策。例如，在考虑是否进入新兴市场时，公司可以通过法律风险识别来评估该市场的法律环境和商业法规的合规要求，从而更好地判断是否具备进入条件。

（三）保障公司利益

随着市场环境的不断变化和竞争的加剧，公司面临着各种潜在的法律风险，如合同纠纷、知识产权侵权、违法违规行为等。如果这些法律风险得不到及时识别和控制，就有可能给公司利益带来严重的损失。因此，保障公司利益成为法律风险识别的一个重要目标。

一方面，通过法律风险识别，公司能够及时发现可能对其利益构成威胁的风险因素。例如，在合同交易中，如果对方存在违约行为的风险，公司可以通过识别合同风险并采取相应的防范措施，保护自身的利益不受侵害。此外，在知识产权保护方面，通过对相关法律风险的识别，公司可以确保自身的技术和创新成果得到合法的保护，从而保障公司的核心竞争力和长期利益。

另一方面，法律风险识别还可以帮助公司在决策过程中更全面地考虑和评估相关的法律风险因素。在进行战略决策、投资决策或合作伙伴选择等方面，公司需要综合考虑各种可能的法律风险，并基于实际情况做出相应的决策。通过准确识别和评估法律风险，公司能够避免因法律风险带来的不利影响，确保决策的合规性和可持续性，进一步保障公司的利益。

法律风险识别还可以为公司提供预警机制，及时发现和应对潜在的法律风险。通过建立健全的法律风险识别体系，公司能够实时监测市场和法律环境的变化，及时发现可能存在的法律风险，并采取适当的措施进行应对。通过这种方式，公司能够更好地应对法律风险带来的挑战，保护自身的利益和声誉。

(四)提高公司经营效率

效率的提升对于公司的长期发展至关重要,它能够帮助公司在市场竞争中占据优势地位,并为公司带来可持续的发展。

通过法律风险识别,公司能够及时发现与法律规定不符的经营行为,避免因此而产生的法律纠纷或诉讼。这些纠纷或诉讼往往会浪费公司大量的时间和资源,严重干扰日常运营和经营决策的正常进行。通过预防法律违规行为,公司能够在事先避免法律纠纷的发生,保证业务的连续性和稳定性,从而提高经营效率。

法律风险识别有助于优化公司的决策过程。在经营决策中,公司需要综合考虑各种因素,并权衡各方利益。通过识别法律风险,公司能够在决策过程中更加全面、准确地评估各项风险,避免因法律问题而导致的决策错误。合法、合规的经营决策能够为公司带来更好的商业机会和发展空间,提高公司的经营效率。

法律风险识别还可以保障公司的利益。公司在经营过程中可能面临各种潜在的法律风险,比如,合同纠纷、知识产权侵权等。通过识别这些风险,公司可以采取相应的措施,保护自身的合法权益,维护公司的声誉和形象。同时,做好风险防范工作也能够增加公司与股东、投资者等相关方的信任,为公司带来更多的商业机会,从而提高经营效率。

二、法律风险识别的基本方法

(一)法律风险识别的技术手段

在现代商业环境中,利用技术手段进行法律风险识别已经成为一种普遍的做法。技术手段的应用可以大大提高法律风险识别的效率,为企业的决策和管理提供可靠的依据。

1. 数据挖掘

数据挖掘是一种广泛应用的技术手段,通过运用合适的算法和模型,收集、处理和分析大量的数据,从中发现并预测可能存在的法律风险。数据挖掘可以帮助公司探索数据之间的关联性,发现潜在的风险因素,并为公司提供及时的监测与预警。

2. 人工智能技术

人工智能技术也为法律风险识别提供了新的可能。人工智能技术可以通过学习和模拟人类的认知过程，自动掌握和分析大量的法律知识和判例，从中提取规则和模式，识别出潜在的风险问题。此外，人工智能还可以通过自然语言处理和图像识别等技术，对大量的合同、法规和案例进行全面分析，辅助企业发现可能存在的法律风险。

3. 信息系统的建设与应用

信息系统的建设与应用也是法律风险识别的重要技术手段。企业可以通过建设和完善信息系统，将各项业务数据集中管理，实现对企业各个环节的实时监控和跟踪，从而及时发现并识别出潜在的法律风险。信息系统还可以应用先进的技术手段，如数据分析、模型建立等，对各项业务数据进行系统化整理和分析，提供准确可靠的风险识别结果。

（二）法律风险识别的管理手段

为了有效地识别法律风险并采取相应的管理措施，公司需要运用一系列的管理手段。

1. 建立完善的内部检查和审计机制

内部检查和审计有助于发现法律风险存在的薄弱环节，并及时采取纠正措施。例如，公司可以设置内部审计部门，定期开展全面的内部审计工作，检查各项业务活动是否符合法律法规的要求。还可以通过开展内部调查、风险评估等方式，全面了解和评估可能存在的法律风险，及时采取措施进行管理和遏制。

2. 建立有效的合规管理体系

公司可以制定并执行相关的合规政策和程序，明确各级管理人员和员工的职责和义务，确保组织内部各项业务活动的合规性。公司可以建立合规培训机制，通过培训和教育，提高员工对法律法规的认识和理解，提升其合规意识和能力。

3. 建立健全风险管理与控制体系

公司可以制定风险识别、评估和管理的制度和流程，明确风险管理责任和流程，确保风险的有效识别、评估和管控。例如，公司可以建立风险管理委员会或设立专门的风险管理部门，负责全面管理和监控法律风险。公司还可以建立风险报告和风险监控机制，及时掌握和反馈法律风险的相关信息，为决策提供依据。

4.加强合规文化建设

公司可以倡导和强化合规文化，通过制定和传播合规价值观和行为规范，引导员工自觉遵守法律法规，严格规范企业行为。此外，公司可以加强与监管机构和专业机构的合作，积极参与行业协会和社会组织的合规活动，提高组织在法律风险管理方面的专业知识水平和应对能力。

（三）法律风险识别的法律手段

法律风险识别可以通过对法律法规的研究和分析来进行。根据公司所从事的行业和经营活动，对相关法律法规进行全面而系统的梳理与解读，可以帮助公司识别出潜在的法律风险点。例如，在金融行业中，法律风险点可能涉及金融监管、金融产品销售、合规管理等方面的法律问题，通过仔细研读相关法律法规，可以发现涉及风险的规定和要求，从而进行针对性的风险评估。

法律风险识别还可以通过与专业律师或法律顾问的合作来实现。专业律师对法律事务有着深入的理解和把握，能够帮助公司识别潜在的法律风险。与律师的合作可以包括定期的法律检视、专项的法律审查等。律师可以通过与公司内部人员的沟通，了解公司经营活动的具体情况，并在法律领域提供必要的指导和建议，帮助公司及时发现潜在的法律问题。

法律风险识别还可以运用现代科技手段来辅助实现。例如，利用大数据分析技术可以对企业的合同、诉讼和知识产权等大量法律文书进行分类、索引和分析，从中提取出关键信息和风险点，帮助公司更加精准地识别潜在的法律风险。此外，还可以借助人工智能技术，开发法律风险识别的专业软件工具，通过自动化的方式来梳理和分析法律风险，提高工作效率和准确性。

第三节　公司治理结构中的法律风险评估

一、法律风险评估的重要性

（一）法律风险的定义及特性

法律风险是指公司在运营过程中可能面临的与法律相关的潜在风险，这些风险可能对公司的经营、财务状况、声誉和发展产生负面影响。法律风险的特性包括不确定性、多样性和复杂性。

1. 法律风险存在不确定性

法律环境是不断变化的，法律条款可能随时调整、修改或新增，这给公司带来了法律风险的不确定性。公司必须及时了解和应对法律环境的变化，以降低法律风险对公司的影响。

2. 法律风险具有多样性

不同的行业、不同的业务活动、不同的地区都会面临不同类型的法律风险。比如，在金融行业，涉及金融监管、客户隐私保护、合规性等方面的法律风险。而在制造业领域，则可能涉及知识产权保护、产品责任等法律风险。因此，公司必须对所处行业的法律风险有所了解，并根据实际情况制定相应的风险管理策略。

3. 法律风险的复杂性

法律风险涉及法律条款的解读、适用和执行等方面的复杂性。不同的法律领域，比如民法、劳动法、知识产权法等，都有着自己独特的法律规定和解释。公司治理结构中的法律风险评估需要综合考虑各个法律领域的规定，并进行合理解读和分析，以便有效评估和管理法律风险。

（二）法律风险评估的必要性

法律风险评估的必要性体现在规避和降低风险的情境下。法律风险评估可以帮助公司识别潜在的法律风险点和风险因素，并以此为基础制定相应的风险控制策略。通过评估法律规定、法律条款、合同条款等数据，可以及早发现问题并及时采取措施，从而有效地规避和降低法律风险的发生概率和影响程度。

法律风险评估的必要性还表现在增强公司治理结构的透明度与合规性。法律风险评估是公司治理结构中的一个关键环节，通过评估法律风险，公司可以更好地了解自身的合规情况，从而提高治理透明度和合规性水平。法律风险评估可以帮助公司建立健全内部控制制度，加强法律合规培训和宣传，有效减少潜在的违法风险和损失，增强公司声誉和信誉。

法律风险评估的必要性还在于提高公司对市场变化和竞争环境的适应性。随着市场经济的发展，法律法规的变化频繁且复杂多样，在这样的环境下，公司如果不具备较强的法律风险评估能力，就难以适应市场的变化和竞争的挑战。通过法律风险评估，在法律风险点和变化方面保持敏感，可以更好地制定应对策略，避免公司因为法律风险而失去竞争优势。

（三）法律风险评估的功能与价值

在公司治理结构中，法律风险不仅是一种防范和管理法律风险的手段，更是公司治理过程中的关键要素之一。通过对法律风险的评估，公司能够更好地识别、分析和理解法律风险的潜在影响，并采取相应的措施来规避风险并保护公司利益。

法律风险评估有助于发现潜在的法律风险。公司在日常经营活动中，会面临各种与法律相关的风险，例如，合同纠纷、知识产权侵权、违规行为等。通过对公司各个环节进行细致的法律风险评估，可以及时识别出存在的法律风险，并对风险进行分类和评估，进而制定相应的风险管理策略。

法律风险评估有助于评估风险的潜在影响。不同的法律风险对公司的影响程度以及可能引发的后果不尽相同。通过评估法律风险的潜在影响，公司可以确定风险对公司业务、声誉和利益造成的潜在风险程度，并基于评估结果来决策风险应对策略，从而减少负面影响并保护公司的可持续发展。

法律风险评估还有助于规避风险、提升公司治理水平。通过对法律风险的量化评估，可以更加客观、准确地衡量风险的程度，从而有针对性地制定预防和治理措施。法律风险评估结果可以为公司提供重要的参考信息，帮助管理层和董事会进行决策，推动公司治理结构的完善和提升。

二、公司治理结构中法律风险评估的方法

(一)定性评估方法

在评估法律风险时,定性评估方法被广泛应用。定性评估方法通过对法律风险进行描述和分析,为决策者提供有效的风险信息和决策支持。

定性评估方法需要明确法律风险的影响因素。这包括了法律法规、合同条款、社会环境等因素。评估者需要对这些因素进行深入研究和了解,以便能够准确地评估法律风险的程度和影响。

定性评估方法强调对法律风险的描述和分析。评估者需要详细描述不同的风险情况,并分析其背后的原因和潜在影响。这样可以帮助决策者更好地理解法律风险的本质和可能的后果,从而制定相应的应对策略。

定性评估方法还需要综合各种信息来源。评估者可以从内部和外部渠道收集相关的信息,包括公司内部的文件和数据、行业报告、专家意见等。通过综合各种信息,评估者可以获取更全面和准确的法律风险评估结果。

需要注意的是,定性评估方法的主要优点是能够提供深入的法律风险分析和描述。但同时,由于定性评估方法往往是主观的,评估结果可能受到评估者自身经验和背景的影响。因此,在使用定性评估方法时,评估者需要保持客观和公正的态度,避免任何主观偏见的引入。

(二)定量评估方法

通过定量评估,评估者可以将法律风险量化,为企业提供更具体的风险指标,帮助企业更好地了解、预测和管理法律风险。

定量评估方法的核心在于建立适当的评估指标体系。根据公司治理结构特点和法律风险评估的要求,评估者可以选择一些合适的指标来衡量和评估法律风险。例如,可以考虑公司内部存在的合规制度数量、公司收到的法律诉讼数量、法律风险事件对公司经济利益的影响程度等方面的指标。通过建立科学有效的指标体系,可以实现对法律风险的全面量化评估。

定量评估方法还需要考虑评估数据的收集和处理。在收集评估数据时,可以从多个渠道获取相关信息,例如,可以结合内部审计、法务部门的数据以及外部的法律风险报告、监管机构发布的行业法规等。在处理数据时,可以运用统计分析、

计量经济学等方法，对数据进行加工和分析，得出客观、可靠的评估结果。

定量评估方法还需要结合适当的模型和工具来支持评估工作。比如，可以使用风险评估模型、数据挖掘工具、统计软件等，对评估指标进行计算、分析和展示。这些模型和工具的运用可以提高评估的准确性和效率，为企业提供更有针对性的法律风险评估结果。

定量评估方法需要将评估结果与实际业务活动结合起来，为公司决策提供有力支持。评估结果不仅是一个数字，更应该被理解为对公司法律风险状况的反映和预警。企业可以根据评估结果进行风险控制和治理优化，制定相应的法律风险管理策略和措施，以降低风险、保护企业的长期利益。

（三）混合评估方法

混合评估方法是一种综合运用定性和定量评估方法的手段，旨在更全面、客观地评估公司治理结构中的法律风险。它将定性评估方法和定量评估方法的优势相结合，以系统化、科学化的方式评估公司治理结构中的法律风险。通过混合评估方法，可以更准确地定位法律风险，在风险评估中提供更有力的支持。

混合评估方法的主要优点之一是兼顾定性与定量分析。通过定性分析，可以对公司治理结构中的法律风险进行综合性的评估，从而了解可能存在的风险因素和问题。与此同时，定量分析则可以用数字化的方式对风险进行量化评估，提供客观的风险数据。将定性和定量分析结合起来，可以在评估过程中充分考虑到各种因素，使评估结果更具有信度和可靠性。

在使用混合评估方法时，需要进行定性评估，通过对公司治理结构中的法律风险进行综合性分析和梳理，明确可能存在的风险点和隐患。定性评估可以通过对相关法律条文、规章制度的研究和对公司内部的流程、制度的审查来完成。在明确了风险点后，可以结合定量评估方法进行具体风险的量化分析。

定量评估方法可以采用各种统计分析方法、数据模型和风险计量工具来完成。通过搜集和分析大量的数据，可以对法律风险进行量化评估，从而对公司治理结构中不同风险的程度进行比较和排序。定量评估方法可以为管理层提供具体的数据支持，有助于决策者更科学地进行风险管理和控制。

混合评估方法还需要考虑评估方法的选择与应用。在实际评估过程中，根据具体情况和需要，选择合适的评估方法进行分析和评估。评估方法的选择应该基于评估目的、数据可获得性以及评估的可行性等因素进行综合考虑。同时，评估方法的应用也需要注意合理性和全面性，确保评估结果能够准确地反映公司治理结构中的法律风险状况。

通过兼顾定性和定量分析，混合评估方法可以提供全面、准确的法律风险评估结果，为公司决策提供有力支持。在使用混合评估方法时，需要结合定性评估和定量评估的优势，合理选择评估方法，并注意评估的合理性和全面性。只有这样，才能更好地把握公司治理结构中的法律风险，为公司的长期发展提供保障。

（四）评估方法选择与应用

不同的评估方法在定性和定量方面各有优势，且可以根据具体情况进行选择和组合使用。

定性评估方法是一种基于专家经验和判断的方法，通过对相关法律文件、政策法规以及相关案例进行分析，综合考虑法律风险的各个方面。这种方法主要依赖于专家的知识和经验，能够全面地考虑潜在的法律风险因素和可能的影响。但是，由于定性评估方法具有主观性，容易受到个人经验和主观意见的影响，因此，在评估过程中需要注意专家的选择和验证，以保证评估结果的客观性和准确性。

定量评估方法是一种基于数据和统计分析的方法，通过建立合适的模型和指标，对法律风险进行量化分析和评估。这种方法是一种相对客观和科学的评估方式，能够提供具体的数据支持和依据。定量评估方法可以利用历史数据和相关指标，通过概率和统计分析，对法律风险进行量化和概率预测。然而，定量评估方法也存在一定的局限性，比如，需要大量的数据支持和模型的建立以及对数据的准确性和可靠性要求较高。

混合评估方法则是将定性评估和定量评估相结合，充分发挥各自的优势。在评估过程中，可以先进行定性评估，利用专家知识和经验对法律风险进行全面分析和判断，然后再通过定量评估方法进行量化分析和验证，进一步提高评估结果的可靠性和准确性。混合评估方法可以在兼顾主观因素的同时，提供客观数据和分析结果，更全面地评估法律风险的程度和可能的影响。

在选择和应用评估方法时，应当充分考虑实际情况和具体需求。不同的公司治理结构和业务活动可能面临不同的法律风险，需要灵活选择适当的评估方法。同时，评估结果的应用也需要综合考虑，包括对评估结果的解读、风险管理和决策的支持等方面。因此，在评估方法选择和应用过程中，需要充分协调各方利益，并注重对方法的使用和结果的解释。

三、公司治理结构中法律风险的量化评估

（一）量化评估模型构建

通过建立一个科学、完备的评估模型，可以有效地对公司的法律风险进行量化分析，并提供决策支持和风险预警。

在构建量化评估模型时，需要考虑模型的设计应具备全面性和系统性，即考虑到所有可能的法律风险因素，并将其纳入评估体系中。这可以通过综合参考各种法律法规、行政法规、裁判文书等来实现，确保模型的准确性和可靠性。

模型的构建还需要考虑不同法律风险因素之间的相互关系和权重。不同的风险因素可能存在不同的重要性和影响程度，因此，需要根据实际情况进行权衡和定量分析。这可以通过构建专门的法律风险评估指标体系来实现，该指标体系应综合考虑公司治理结构、法律合规制度、风险管理制度等方面的要素，并给予相应的权重。

模型的构建还可以借鉴已有的评估模型和方法。通过对现有评估模型的学习和借鉴，可以提高构建模型的效率和准确性。在这个过程中，可以对不同模型进行比较和选择，找到最适合公司治理结构中法律风险评估的模型。

模型的构建还需要进行实证分析和验证，以保证模型的可行性和适用性。通过对实际案例的评估和验证，可以检验模型的准确性和有效性，并对模型进行必要的修正和改进。

（二）量化评估指标体系建立

在公司治理结构中，法律风险评估的量化评估指标体系的建立旨在通过合理的指标选择和权重分配，对法律风险进行量化评估，提供科学的依据和参考，从而实现对公司法律风险的有效控制。

1. 指标选择

在选择指标时，需要考虑公司的具体情况和公司治理结构中的法律风险特点。例如，可以选择涉及合规性、知识产权保护、契约管理、合同执行等方面的指标，并将这些指标进行适当分类和分组，以便后续的权重分配和综合评估。

2. 指标的权重分配

权重分配的目的是根据不同指标的重要性,为每个指标赋予适当的权重,以反映其在法律风险评估中的相对重要性。在进行权重分配时,可以采用专家打分法、层次分析法等多种方法,结合公司治理结构中的实际情况和业务特点,对各个指标进行比较和评估,最终确定每个指标的权重。

3. 建立综合评估模型

在指标选择和权重分配的基础上,还需要建立综合评估模型,将各个指标进行综合评估并产生最终的评估结果。常用的方法包括加权求和法、层次分析法、模糊综合评判法等。通过综合评估模型的构建,可以将各个指标的评估结果进行集成和汇总,形成对公司法律风险的整体评估,为公司治理结构中的法律风险管理提供科学的决策依据。

(三)量化评估实证分析

通过建立科学合理的量化评估模型和指标体系,并进行实证分析,可以更准确地评估和预测法律风险对公司运营造成的潜在影响。

量化评估模型的构建是量化评估实证分析的基础。在构建模型时,可以采用多种方法,例如,回归分析、多元统计分析、系统动力学模型等。重要的是选择适合研究对象和研究问题的方法,确保模型的可靠性和有效性。模型的构建应考虑公司治理结构的特点和法律风险的本质,合理选择评估指标,使得模型能够全面反映法律风险与公司治理结构之间的关系。

量化评估指标体系的建立是进行实证分析的关键。在建立指标体系时,应综合考虑公司内部因素和外部环境因素的影响,并确保指标的可衡量性和准确性。常用的指标包括公司治理结构的完善程度、合规文化建设情况、法律合规监督机制等。通过对指标进行加权和聚合,可以得到一个综合评估指标,用来度量公司在法律风险方面的整体状况。

进行量化评估实证分析时,需要收集和整理大量的数据,并运用合适的统计方法进行分析。分析的目标是揭示公司治理结构与法律风险之间的相关性和影响程度。可以通过描述统计分析、回归分析、案例分析等方法来分析数据,进一步验证模型的有效性和指标体系的准确性。同时,还需要对实证结果进行解释和归纳,提出相应的建议和措施,以帮助公司管理层在提高法律风险管理水平方面做出正确的决策。

第二章　公司治理结构中的法律风险控制机制、监管及策略

第一节　公司治理结构中的法律风险控制机制

一、法律风险控制的意义

（一）法律风险的定义及分类

法律风险是指企业在经营活动中可能面临的与法律相关的各种潜在风险，包括合同纠纷、知识产权侵权、环境违法、劳动纠纷等多种可能涉及法律纠纷的问题。法律风险主要可分为外部法律风险和内部法律风险两大类。

外部法律风险是指来自外部环境对企业所产生的法律风险，如政策法规变动、法律法规不确定性、行业监管等因素所引发的法律风险。这些外部风险常常与企业的经营环境、市场竞争、行业规范以及法律环境变化等因素有关。例如，两个国家之间的贸易纠纷、法律法规的不合理或者不完善都可能给企业经营带来相应的法律风险。

内部法律风险则是指企业在自身内部管理过程中所存在的法律风险，这些风险主要源于企业内部发生的行为或者决策不当所带来的法律问题。例如，企业员工在执行工作时的违法行为、内部制度设计不合理或者监管不到位，均可能引发内部法律风险。同时，管理者的过失或者蓄意操作也可能导致公司内部发生法律违规行为。

（二）法律风险的来源和影响

法律风险的来源可以归纳为内部和外部两个方面。内部来源主要包括公司内部治理结构不健全、内部合规意识薄弱、员工违法违纪等情况。这些内部因素在公司内部产生法律风险，对公司的稳定经营和可持续发展造成潜在威胁。而外部来源主要涵盖法律法规的变化、市场环境的不确定性以及竞争对手的行为等。这些因素都可能直接或间接地导致公司面临法律诉讼、罚款或声誉受损等风险。

法律风险对公司治理产生广泛且深远的影响。法律风险直接影响公司的经营和业务运作。例如，一旦公司违反相关法律法规，就可能面临法律诉讼和罚款等后果，对公司的财务状况和声誉造成严重损害。法律风险还会导致公司治理结构失灵，破坏公司内部的合作和协调机制。当公司面临法律纠纷时，高层管理人员可能会合谋隐瞒事实，采取不当手段应对，从而导致公司治理的信任危机。最重要的是，法律风险对公司的可持续发展带来潜在威胁。在竞争激烈的市场环境中，一旦公司因法律风险失去市场竞争力，将难以生存和发展。

（三）法律风险控制的必要性

法律风险控制有助于保护公司的合法权益。随着全球化的发展，企业在跨国经营中面临的法律风险日益增加。如果公司没有做好法律风险控制工作，就有可能面临法律纠纷、侵权诉讼等问题，进而导致财务损失和声誉受损。因此，公司需要建立完善的法律风险控制机制，及时识别、评估并应对潜在的法律风险，为公司的经营和发展提供有力的保障。

法律风险控制对于维护公司治理结构的稳定和健康发展具有重要意义。公司治理结构是公司内部各利益相关方之间权力与利益关系的组织和分配机制。在这个机制中，法律风险控制机制扮演着关键的角色。它能够加强公司内部的监督与约束，促进决策的合法性和合规性。通过建立有效的法律风险控制机制，公司能够降低机构内部腐败、违法违规等不当行为的发生概率，提高公司治理的透明度和规范性。

法律风险控制对于优化公司运营和决策也至关重要。在商业活动中，公司需要与各种外部主体进行合作，如供应商、客户、债权人等。这些合作行为往往涉及合同的签订、商业纠纷的处理等法律事务。如果公司没有有效的法律风险控制机制，就很难保障公司与外部主体之间的交易合法性和合规性。因此，建立健全法律风险控制机制有助于优化公司运营决策，降低交易风险，提高公司的竞争力和稳定性。

二、法律风险控制对公司治理的重要性

（一）保障公司运营的合法性

法律风险控制作为公司治理结构中的一个重要机制，可以有效地确保公司在

所有业务活动中符合法律法规的要求，遵守商业道德和社会责任。下面将探讨法律风险控制对公司运营合法性的意义。

保障公司运营的合法性是法律风险控制的首要目标。公司作为一个法人实体，在经营过程中必须遵守国家法律法规的规定，严格遵守相关政策和法律制度。通过建立健全法律风险控制机制，公司可以对自身的经营活动进行全面监控和管理，及时发现和解决潜在的法律风险，保证公司运营的合法性。

法律风险控制对于公司运营合法性的保障具有直接的经济效益。合法经营不仅可以避免面临法律纠纷和法律制裁的风险，还可以为公司维护声誉、建立信任，吸引更多的投资者和合作伙伴。在经济全球化的背景下，跨国公司需要在多个国家和地区开展业务，遵守各国的法律法规是不可或缺的。只有通过有效的法律风险控制，公司才能适应和应对不同国家和地区的法律环境，确保公司运营合法性，获得持续的经济效益。

保障公司运营的合法性还可以帮助公司建立良好的企业形象，增强消费者的信任和忠诚度。在当今信息时代，消费者对公司的行为表现和道德伦理要求更加关注，他们越来越倾向于选择那些有良好商业道德和合法经营的公司进行合作。通过法律风险控制，公司可以树立自身的诚信形象，赢得消费者的认可和支持，建立强有力的品牌竞争优势。

积极建立健全法律风险控制机制，有效地管理和控制法律风险，可以确保公司在合法、规范的运营环境中稳定发展。为此，公司应该高度重视法律风险控制的作用，在治理结构中合理设计和实施法律风险控制措施，保障公司的合法性，并在商业竞争中取得持续的经济效益。

（二）提高公司经营效率

通过有效的法律风险控制机制，可以提高公司的经营效率，从而为公司的可持续发展奠定基础。具体而言，法律风险控制对公司经营效率的提升体现在以下几个方面。

1.可以优化公司内部流程

在公司经营过程中，涉及各种合同的签订、执行、解除等，这些合同的合规性和风险控制对于公司的经营效率起着至关重要的作用。通过建立健全法律风险控制机制，公司能够明确合同的风险点并加以规避，合理分配权责，进一步提高公司内部流程的顺畅度和高效性。

2.可以减少不必要的纠纷和诉讼

在商业活动中,不可避免地会出现各种纠纷和争议。对于公司而言,纠纷和诉讼不仅会消耗大量的时间和资源,还可能对公司的声誉和形象产生负面影响。通过建立有效的法律风险控制机制,可以识别潜在的纠纷风险并采取相应的预防措施,从而减少公司面临的诉讼风险,提高公司经营效率。

3.可以加强公司与外部合作伙伴的合作效率

在公司的商业合作中,与供应商、客户、合作伙伴的合作关系紧密相关。通过明确和规范合作伙伴关系的法律风险控制,可以降低合作风险,提高双方的合作效率。例如,在合作协议中明确约定权责,规定合作标准和流程以及解决合作纠纷的机制等,可以建立良好的合作关系,进一步提高公司经营效率。

4.可以提升公司员工的工作效率

作为公司治理的一部分,法律风险控制应该贯穿于公司的各个环节,包括人力资源管理。通过建立健全法律风险控制机制,可以规范员工的行为准则,提供明确的工作指导,并采取相应的培训和教育措施,提高员工的法律意识和合规意识。这样不仅可以减少员工违法违规行为的发生,降低公司的法律风险,还可以提升员工的工作效率。

(三)降低公司经营风险

公司面临各种各样的经营风险,包括市场波动、竞争压力、管理不善等。这些风险如果得不到有效控制,将对公司的经营目标和盈利能力产生负面影响。因此,通过建立和实施合适的法律风险控制机制,可以降低公司经营风险的发生概率,保护公司的利益。

法律风险控制可以帮助公司规避或减轻诉讼风险。在商业活动中,公司往往面临与合作伙伴、客户、员工等相关的纠纷风险。如果公司没有有效的法律风险控制机制,一旦纠纷发生,可能导致长期的法律诉讼,耗费大量的时间、精力和资金。而通过合理的合同、条款和制度设计以及有效的纠纷解决机制,可以尽量避免或减少纠纷的发生,降低公司经营的风险。

法律风险控制可以帮助公司规范经营行为,减少违法违规的可能性。在商业活动中,公司需要遵守各种法律法规、合同约定以及行业规范。如果公司违法违规行为被发现，不仅会面临行政处罚和民事赔偿的风险，还会受到声誉损害和法律责任追究。通过建立健全合规体系，包括内部控制、风险管理、合规培训等，可以预防和减少违法违规行为的发生，保护公司的合法权益。

法律风险控制还能帮助公司应对外部环境变化，降低因法律法规变化带来的经营风险。法律法规的变化往往伴随着市场环境、行业政策等的变化，不加以及时应对和适应，公司可能面临合规风险、经营难题等挑战。因此，建立法律风险监测和预警机制、定期进行法律法规的审查和调整，可以帮助公司及时了解并适应外部环境变化，降低因此带来的经营风险。

三、公司治理结构中的法律风险控制机制分析

（一）法律风险控制机制的构成

法律风险控制机制的构成需要包括明确的法律框架和制度。这些法律框架和制度应当体现在公司的内部规章制度、外部监管机构的法规和相关的法律法规中，以确保法律风险的防范和控制。

法律风险控制机制的构成还需要考虑人员的配置和建设。这包括具备专业法律知识和经验的法律顾问、律师团队以及法律风险管理人员等。这些人员将负责监测和评估公司的法律风险状况，提供法律咨询和建议，并参与制订相关的风险防控策略和应对方案。

法律风险控制机制的构成还需要充分考虑信息化技术的应用。随着信息技术的快速发展，公司可以利用各种信息化工具和系统，实现对法律风险的实时监测和预警。例如，可以通过建立法律合规管理系统、风险管理系统和风险评估模型等，来辅助公司对法律风险的识别、分析和处理。

法律风险控制机制的构成还需要充分考虑公司内外部的协同合作。公司应与外部专业机构、律师事务所和监管机构建立良好的合作关系，以获取最新的法律法规信息和专业法律服务。公司内部各部门和职能单位之间也需要加强协同合作，形成多维度、全方位的法律风险控制机制。

（二）法律风险控制机制的功能

法律风险控制机制能够帮助公司及其董事会有效地识别、评估和管理法律风险。这是因为法律风险控制机制有助于建立机制化的风险识别和风险评估程序，

并通过不同的方法和工具来衡量和量化法律风险的概率和影响。这种机制化的风险管理方法能够确保法律风险的及时发现和准确评估，从而为公司的决策提供可靠的依据。

法律风险控制机制能够促使公司制定和实施相应的合规政策和程序。在面对不同的法律风险时，公司需要根据特定的情况和要求，制定适合的合规政策和程序。法律风险控制机制通过提供指导和支持，能够帮助公司在制定合规政策和程序时充分考虑法律法规的要求和业务环境的变化。它还能够提供培训和教育，帮助员工了解和遵守相关的合规要求，从而提高公司的整体合规能力。

法律风险控制机制还起到了监督和监控行为的作用。作为公司治理结构的一部分，法律风险控制机制能够确保公司和管理层遵守法律法规，遵守道德和伦理规范。它通过建立内部控制和监督机制，加强对管理层决策和行为的监督和审查，从而防止和发现违法违规行为，减少法律和道德风险对公司的潜在影响。

法律风险控制机制还能够提供保护和降低公司及其利益相关方的法律风险。通过建立合适的风险管理和应对措施，法律风险控制机制能够帮助公司降低法律风险对公司业务运营和财务状况的影响，保护公司的声誉和利益。它还能够提供法律咨询和支持，协助公司应对法律纠纷和诉讼，确保公司的合法权益和利益相关方的合法权益得到维护。

（三）法律风险控制机制的设计

公司治理结构中的法律风险控制机制的设计是确保公司能够有效应对法律风险，保障公司的合法权益和稳定发展的重要环节。在设计法律风险控制机制时，应综合考虑公司的业务特点、法律环境以及行业规范等因素，以制定出切实可行的措施和政策。

在设计法律风险控制机制时，需要明确公司的法律责任和义务。公司作为一个法人实体，必须承担起相应的法律责任。因此，在设计阶段应明确公司的法律遵从原则和行为准则，以确保公司在运营过程中不违反相关法律法规，并遵守商业道德和伦理规范。

法律风险控制机制的设计还需要充分考虑风险识别和评估的要求。通过建立明确的风险识别和评估机制，可以及时发现和分析可能存在的法律风险，并对其进行合理的评估。在设计阶段，公司可以运用风险管理工具，例如，制定风险矩阵或使用风险评估模型，以帮助公司确定风险的等级和优先级。

在设计法律风险控制机制时，需要明确公司内部的控制措施和流程。公司应建立健全内部控制体系，包括制度设立、权限划分、信息披露和监督机制等方面。例如，公司可以制定明确的内部控制政策和程序，明确各部门的职责和权限，并建立内部审查和监督机制，确保法律风险能够在内部得到有效控制和管理。

设计法律风险控制机制还需要考虑外部环境的变化和法律合规要求。公司应及时关注法律法规的更新和变化，并根据实际情况及时调整和完善风险控制措施。此外，公司还应加强与外部法律顾问和相关监管机构的合作与沟通，及时了解行业最新的法律合规要求，并在设计风险控制机制时充分考虑这些要求。

（四）法律风险控制机制的实施

1. 实施法律风险控制机制需要明确责任和权限

在公司内部，法律风险控制需要明确责任分工和相应的权限，以确保责任能够明确并得到有效的履行。这包括指定专门的法律团队或部门负责公司的法律事务，并赋予必要的决策和执行权限，以便能够迅速、准确地应对法律风险。

2. 实施法律风险控制机制需要建立有效的监督和反馈机制

公司治理结构需要确立一个有效的监督机制，用于监测和评估法律风险的发生和控制情况。这可以包括定期的法律风险报告、内部审核和监察机构的建立，并确保监督机制的独立性和专业性，以保证监督和反馈的有效性。

3. 实施法律风险控制机制需要强调培训和教育

法律风险防控不仅仅需要专业的法律团队和合规人员，还需要公司内部全员的参与和理解。因此，公司应建立定期的培训和教育机制，提高员工对法律风险的认识和应对能力。这可以包括举办法律风险培训、组织案例分享等，以提高公司全员对法律风险及其控制的意识。

4. 实施法律风险控制机制需要持续的改进和完善

公司治理结构中的法律风险控制机制应不断地进行评估和改进，以适应法律环境变化和公司经营发展的需要。这可以包括定期的法律风险评估和回顾，及时调整和优化法律风险控制机制，以确保其与公司整体治理结构的协调和协同作用。

四、法律风险控制的实践操作

(一)法律风险识别

法律风险识别的目的是通过对公司内外部环境进行综合分析和评估,识别潜在的法律风险,以便及时采取相应措施加以化解或降低。

法律风险识别需要全面了解公司的业务活动和经营模式。这包括对公司的行业背景、产品特点、市场份额等方面的深入研究。只有深入了解公司的运作方式,才能准确判断可能存在的法律风险。

法律风险识别需要进行细致的合规性审查。这一过程包括对公司的内部控制制度、合同管理、员工行为规范等方面的审查,以确认公司是否与法律法规保持一致。还需要对公司的合作伙伴、供应链、分支机构等进行审查,以评估其是否存在合规性问题。

法律风险识别需要关注国内外法律法规的动态变化。社会和市场环境的变化可能带来新的法律风险,因此,及时了解和跟踪法律政策的变化,对公司而言至关重要。这需要建立一个法规观察和研究的渠道,通过查阅国家法律法规数据库、参加相关行业的研讨会等方式,及时获取最新的法规信息。

法律风险识别需要建立有效的信息收集和管理机制。这包括建立一套完善的内部举报机制,鼓励员工及时上报可能存在的法律风险。同时,还需要与公司的法律顾问、合规部门保持密切的沟通和合作,共同筛选、分析和评估可能存在的法律风险。

(二)法律风险评估

通过对法律风险进行全面、深入的评估,公司能够及时识别潜在的法律风险,并采取相应的措施加以预防和控制。下面将重点探讨法律风险评估在公司治理中的功能、设计和实施措施。

法律风险评估的主要功能是为公司提供全面的风险识别和预警。通过对公司内部和外部环境的分析、对法律规定和司法判例的解读,以及对行业趋势和政策变化的了解,公司能够准确地识别出可能存在的法律风险。同时,评估的结果还能够帮助公司预测风险出现的概率和可能带来的影响,为公司提供科学的决策依据。

针对不同类型的法律风险，公司需要设计相应的评估方法和指标。例如，在商业合同方面的风险评估中，可以考虑合同的完整性、合规性和可执行性等指标。而在知识产权保护方面的风险评估中，可以关注知识产权的注册情况、侵权行为的风险等。通过对不同指标的评估，可以全面把握公司面临的法律风险，并有针对性地制定相应的风险控制策略。

法律风险评估的实施措施包括建立评估机制和流程，并明确责任和权限。评估机制要确保评估工作的科学性和公正性，可以由专门的风险管理部门或专业团队负责。评估流程要规范和标准化，包括法律风险收集、整理、分析、评估和报告等环节。此外，公司应细化评估的责任和权限，明确相关部门和人员在风险评估中的角色和职责，以确保评估工作的顺利进行。

（三）法律风险防范

有效的法律风险防范能够提高公司的合规性，并保护公司及其利益相关者的权益。

法律风险防范的功能主要包括预防法律风险的发生，提前识别潜在风险以及减少风险对公司的影响。为了实现这些功能，公司可以采取一系列措施。其中一个重要的措施是建立健全内部控制制度，确保公司的各项业务活动符合法律法规的要求。公司还可以加强员工的法律意识教育和培训，提高他们对法律风险的敏感度，从而减少违法行为的发生。

法律风险防范的设计需要考虑公司的具体情况和经营特点。公司应该制定一套科学合理的法律风险防范机制，并根据实际情况进行不断的调整和完善。例如，在合同管理方面，公司可以建立严格的合同审批制度，确保所有合同的签订符合法律规定，并且将合同的履行情况进行监督和评估。公司还可以聘请专业的法律顾问或律师团队，为公司提供法律意见和风险评估，确保公司的决策和行为符合法律要求。

法律风险防范的实施需要全员参与和配合。公司应该建立一套明确的责任制度，明确每个岗位的法律风险防范职责，确保每个员工都对自己的行为和决策承担相应的法律责任。此外，公司还应该定期进行风险评估和风险管控的检查，及时发现和解决潜在的风险隐患。

第二节　公司治理结构中法律风险控制的监管

一、法律风险控制的监管体系

（一）法律风险控制监管体系的构建

在公司治理结构中，法律风险控制的监管体系是确保公司合法合规运营的重要组成部分。构建一个健全有效的法律风险控制监管体系，对于维护公司利益、保障投资者权益、促进经济稳定发展具有重要意义。

一个完善的法律风险控制监管体系需要明确的法律风险管理框架和流程。公司应制定相关法律风险管理制度和规范，明确责任主体、流程步骤和管理要点。其中，明确法律风险管理委员会的组成和职责，建立与法律风险相关的各级管理机构，形成层级分明、职责明确的管理体系，确保法律风险的全面管理和控制。

一个强有力的法律风险控制监管体系需要建立健全内外部监管机制。内部监管机制包括内部审计、内部监察、风险管理等，通过内部自我约束和内部审查，发现并纠正潜在的法律风险问题。外部监管机制则包括行政监管、行业协会、审计机构等，提供独立的监督和评估，确保公司行为符合法律法规和监管要求。

一个有效的法律风险控制监管体系需要加强法律风险报告与审查机制。公司应建立健全法律风险报告制度，明确风险的识别、评估和报告要求。设立专门的法律事务部门或聘请法律顾问，负责对法律风险进行审查和评估，及时发现风险隐患，提出合理化建议，并向董事会等主管机构报告风险状况和应对措施。

一个完善的法律风险控制监管体系需要建立健全违规处罚与改进机制。对于违反法律法规或监管规定的行为，公司应及时采取相应的违规处罚措施，确保法律风险的及时处理和整改。同时，公司应根据违规行为的教训和经验教训，完善相关制度和流程，加强风险管理和控制，以提升公司的法律风险防控水平。

（二）法律风险控制监管体系的运行机制

1. 监管机构

监管机构负责对公司的法律风险进行监督与管理，确保公司依法运营。监管机构的职责包括但不限于制定风险控制准则、监测公司的法律合规状况、提供法律咨询和指导等。监管机构应确保监管措施的针对性和及时性，以有效控制和减少法律风险对公司和社会造成的不良影响。

2. 相关报告与审查程序

公司应定期编制法律合规报告，详细记录公司的法律风险情况，并提交给监管机构进行审查。审查程序旨在评估公司在法律合规方面的表现和改进效果。在审查过程中，监管机构将对公司的合规措施、风险防范措施、内部监控机制等进行细致的审查，以确保公司的法律风险控制工作符合法律法规的要求。

3. 违规处罚与改进

当发现公司存在违反法律规定的行为时，监管机构将给予相应的违规处罚，以起到警示和惩戒作用。监管机构还会对公司的整改措施和改进效果进行评估，确保公司能够及时、有效地改正错误并避免再次发生类似违规行为。

（三）法律风险控制监管体系的效力评估

在公司治理结构中，法律风险控制的监管体系的效力评估是确保监管机构充分发挥作用、落实法律风险控制监管职责的重要环节。为了评估监管体系的效力，需要从多个方面进行考察和评价。

1. 评估监管机构的组织架构和运作机制

监管体系的效力取决于监管机构的组织架构是否合理、运作机制是否科学。评估应从监管机构的设置与职责、权利与义务、人员结构与素质等方面入手，全面了解监管机构的运作情况，从而判断其是否具备有效发挥法律风险监管职能的能力。

2. 评估监管机构的法律风险控制策略和规章制度

监管体系的效力还需要考核监管机构颁布的法律风险控制策略是否科学有效、规章制度是否健全完善。评估应关注监管机构对公司治理的法律要求、风险防范措施、违规惩罚等方面的规定以及监管机构是否能够根据实际情况及时修订和更新相应的制度，以适应法律风险控制的新需求。

3. 评估监管机构的监督与执法能力

监管体系的效力必须建立在监管机构具备有效的监督与执法能力的基础上。评估应考察监管机构对公司治理中各类法律风险的监督力度、执法程序和执法手段以及能否有效打击违规行为并保护合法权益。监管机构应加强对公司治理的监督检查,不断提升自身的监管能力和水平。

4. 评估监管机构的沟通与协调能力

监管体系的效力需要评估监管机构与其他相关机构的沟通和协调能力,特别是与司法机关、行政机关和国家监察机关的合作情况。只有通过建立和完善协作机制、加强信息交流和数据共享,才能实现监管体系的高效运行和监管效果的最大化。

二、法律风险控制的监管机构及其职责

(一)监管机构的设立与职责划分

监管机构负责监管和控制法律风险,确保公司的经营活动符合法律法规,并促进公司良好的治理实践。监管机构的设立与职责划分是建立一个健全的监管体系的关键。

在监管机构的设立方面,应该确保其独立性和专业性。监管机构应该是一个独立的机构,不受任何利益集团或政府部门的影响。只有这样,监管机构才能真正履行其监督和监管职责,保护投资者和公司的利益。监管机构的人员应具备专业的法律、财务和管理知识,以便能够准确判断公司的合规性和风险状况。

监管机构的职责划分应该明确而合理。监管机构应该负责制定和修订相关的规章制度,确保其符合国家和地方的法律要求,并及时调整以适应市场和技术的发展变化。监管机构还应对公司进行监督和检查,确保其遵守法律法规和行业规范,监测和评估公司的风险状况,提出风险预警和预防措施。监管机构还应加强与其他相关机构的协调合作,形成合力,共同维护公司治理的稳定和健康发展。

监管机构还应具备惩治和改进违规行为的能力。当发现公司存在法律风险和违规行为时,监管机构应果断采取行动,对违规行为进行调查和处罚,并对公司提出改进要求。同时,监管机构还应开展相关的培训和宣传活动,提高公司和相

关人员的法律意识和风险防范能力，推动公司实施良好的治理实践。

（二）监管机构的权力运行

监管机构通过设立并执行相关制度和规章，对公司的行为进行规范和监督。例如，监管机构可以制定规章制度，明确公司治理的基本要求和行为准则，以保护投资者利益，防范公司内部违规行为。监管机构还可以要求公司定期提交各类报告和信息，以便对公司的经营状况进行监督和检查。这样的权力运行方式有效地促进了公司在法律风险控制方面的合规性。

监管机构还具有对公司进行处罚和纠正的权力。当发现公司存在法律风险或违规行为时，监管机构可以对公司进行罚款、撤销执照等处罚措施，以维护市场秩序和公平竞争。监管机构还可以要求公司采取相应的纠正措施，如改进内部控制机制、加强内部审计，以防止类似问题再次发生。监管机构的处罚与改进措施可以起到震慑作用，促使公司加强对法律风险的控制和治理。

监管机构在权力运行中应当充分考虑市场变化和公众利益，以确保其决策的公正性和科学性。监管机构需要及时收集和分析市场信息，了解公司风险和违规行为的动态变化，以便调整监管策略和措施。监管机构还应当积极与其他相关机构和利益相关者进行沟通和合作，形成多方面的监督和制约，防止监管滥权或缺位的问题出现。监管机构的责任担当和制度建设将有助于提高公司治理的效果，保护公司和投资者的利益。

监管机构的权力运行还需要建立有效的监督机制，以保障其权力的合理行使。监管机构应当设立相应的内部审计和监察部门，定期对机构内部工作进行自查与评估。同时，监管机构还应当接受上级监督和社会监督，接受独立第三方的评估和审查，确保其职责和权力的正当性和合法性。这样的制约与监督机制有助于维护监管机构的公信力和权威性，同时也为公司治理提供了有效的保障。

（三）监管机构的责任担当

监管机构作为公司治理结构中的重要组成部分，在法律风险控制中担负着重要的责任。其主要职责包括监督公司的合规性、风险管理以及违规行为的处理与改进。为了有效履行这些责任，监管机构需要具备一系列专业知识和能力，并采取一系列措施来保证其责任的落实。

监管机构应设立相应的内部机构或部门来负责法律风险控制的监管工作。

这些机构或部门应该具备独立性和专业性，拥有一支经验丰富的工作团队。他们应当制定并执行监管规章制度，确保公司在风险控制方面遵循合规的原则和准则。

监管机构应加强对公司的合规性进行监督。他们应定期与公司进行沟通、审查公司的内部控制制度，确保公司的各项制度与法律法规相符合。监管机构可以要求公司提交相关报告，定期检查公司的运营情况，并进行风险评估和指导。

监管机构还应注重对公司风险管理的监督。他们需确保公司建立完善的风险管理体系，包括识别、评估和控制风险的方法和程序。监管机构可以要求公司制订风险管理计划，并监督其执行情况。在风险控制方面，监管机构可以对公司进行风险评估、现场检查和审计，以确保公司风险管理工作的有效性和合规性。

监管机构在面临违规行为时应采取相应的处罚措施，并要求公司进行改进。监管机构可以根据情况对违规公司进行罚款、暂停业务等处罚措施，并要求公司制订整改方案和措施。他们还可以与其他相关部门进行合作，共同打击违规行为，维护市场的公平和透明。

在实施责任担当的过程中，监管机构还应遵循公正、透明、高效和便捷的原则。他们需确保监管工作的公正性，并及时向外界披露监管结果和措施。监管机构还应与公司进行有效沟通，建立合作和互信的关系，共同推动公司治理结构的进步和完善。

（四）监管机构的制约与监督

监管机构通过一系列措施和机制，确保公司遵守法律法规，规范经营行为，降低法律风险的发生。

监管机构通过制定严格的规章制度来制约公司的行为。这些规章制度明确规定了公司应当遵守的法律法规和行业准则以及对违规行为的处理措施。监管机构会对公司的合规情况进行定期的审查和评估，在发现违规行为时采取相应的处罚措施，确保公司遵守相关规定。

监管机构通过监督和核查公司的报告和财务信息，确保信息的真实、准确和完整。监管机构对公司进行定期的审计，对审计结果进行严格的把关，发现并纠正不符合法律规定的行为。这样，监管机构可以有效地监督公司的经营活动，防止公司隐瞒或造假财务数据，从而减少法律风险的发生。

监管机构还通过建立行业内部的监控机制来制约公司的行为。监控机制包括行业协会、行业自律组织等，它们通过制定行业规范和行为准则，协助监管机构对公司的经营行为进行监督。监控机制还可以收集并分析行业数据，及时发现公司存在的风险和问题，并向监管机构报告，以便采取相应的措施加以解决。

监管机构还与其他相关机构合作，形成多方合力对公司进行制约与监督。例如，监管机构可以与司法机关、执法部门等合作，共同打击违法行为，维护市场公平竞争的秩序。此外，监管机构还可以与投资者保护组织、消费者权益保护组织等合作，共同保护投资者和消费者的合法权益，维护市场的稳定和公正。

三、法律风险控制报告的编制与审查

法律风险控制报告的编制和审查的目的是全面评估公司在法律风险控制方面的情况，并及时发现和解决潜在的法律风险问题。在编制过程中，公司需要遵循一定的程序和要求，确保报告的准确性和合规性。

公司应当组织相关部门和人员对法律风险进行全面的调查和分析。这包括对公司内部法律合规制度的审查，对公司业务活动中可能涉及的法律问题进行梳理和分析以及对近期出现的法律风险案例进行研究和总结。通过这些工作，公司能够全面了解法律风险的现状和存在的问题。

公司应当根据调查和分析的结果，提出合理的改进建议，并制定相应的风险控制措施。这些改进建议和措施应当具有可操作性和针对性，能够有效地减少法律风险的发生概率和影响程度。公司还应当考虑将这些建议和措施纳入公司治理结构和流程中，确保其得到有效的实施和监督。

法律风险控制报告应当由专门的部门或人员负责编制。这些人员需要具备深厚的法律知识和经验，能够准确地把握法律风险控制的要求和标准。在编制过程中，他们需要收集相关的法律文件和信息，进行综合分析和整理，最终形成完整的报告。同时，他们还要与其他部门和人员进行充分的沟通和协调，确保报告的准确性和可行性。

编制完成的法律风险控制报告需要经过审查和审核。审查的目的是核对报告的准确性和合规性。审查人员需要对报告中提出的改进建议和措施进行评估，确保其符合法律法规和公司治理要求。同时，他们还要与编制人员进行充分的讨论和沟通，解决可能存在的问题和分歧。审查完成后，报告将提交给公司高层管理人员进行最终的批准和发布。

四、法律风险控制的违规处罚与改进

(一)违规行为的处罚措施

违反公司治理规定的行为将会面临相应的处罚措施。对于违规行为的处罚，公司治理结构中的各监管机构起到了重要的作用。

公司治理结构中的监管机构应当建立健全规章制度，明确违规行为的认定标准和相应的处罚措施。其一，监管机构应当通过完善的内部审核和风险控制机制，及时了解公司内部存在的违规行为，并对其进行认定和处罚。其二，监管机构应当配备专业的人员，具备查明事实、认定责任、执行处罚等职能，确保处罚决定的公正性和有效性。

对于违规行为的处罚措施，监管机构一般采取多种形式。第一，最常见的处罚措施是罚款。针对不同程度的违规行为，罚款金额也有所区别。第二，严重违规的公司或个人可能会面临行政处罚，例如，吊销营业执照、限制从事相关业务等。第三，监管机构还可以采取公示、通报批评等方式，对违规行为进行曝光，以警示其他企业和从业人员。除此之外，监管机构还可以采取监督要求、限制人员资格等措施。

在处罚措施的执行过程中，监管机构应当确保程序的合法性和公正性。其一，违规行为的认定应当依据事实、有据可查，并且有适用的法律法规为依据。其二，被处罚方应当享有辩护和申诉的权利，监管机构应当尊重其合法权益，确保程序的公正性。其三，监管机构也应当加强对所采取处罚措施的监督和评估，确保处罚的效果和后果得到及时反馈和调整，为公司治理结构的进一步改进提供经验和参考。

(二)法律风险控制的改进策略

为了提高公司治理结构中法律风险控制的效果，需要不断改进和完善相关策略。以下是一些可行的改进策略。

1.加强内部控制机制

公司应建立一个完善的内部控制制度，并设立专门的法律风险控制部门或委员会，负责协助监管机构进行监管和审查工作。该部门或委员会应结合公司的实际情况，制定详细的风险控制流程和操作指南，明确各个部门和岗位在法律风险控制中的责任和权限，确保法律风险的及时发现和处理。

2.加强对公司管理层和员工的法律培训

公司应定期组织法律知识培训，提高管理层和员工对法律风险的认识和应对能力。培训内容应包括公司法律合规要求、法律风险的识别和评估方法、法律风险应对措施等，以提高整个组织对法律风险的敏感度和主动性。

3.加强对外部环境的监测和应对

公司应建立健全法律风险信息收集机制，及时掌握和分析与公司业务有关的法律法规的变化和趋势。同时，公司应建立与相关监管机构和法律专业机构的密切联系，及时获取法律风险预警信息，以便能够在变化的法律环境中及时调整和改进公司的法律风险控制策略。

4.加强与外界的沟通和合作

公司应积极与相关政府部门、监管机构、律师事务所等建立良好的合作关系，建立起信息共享和合作机制。公司还应主动参与行业协会和商会的活动，分享与他们之间的最佳实践和经验，共同推动整个行业的法律风险控制水平的提高。

第三节 公司治理结构中的法律风险控制策略

一、法律风险控制策略的理论基础

（一）法律风险的定义和类型

1.法律风险的定义

法律风险是指在公司运营或决策中，可能违反相关法律法规或与他人的合法权益发生冲突，从而导致公司承担法律责任或遭受不利影响的风险。这些风险包括合同纠纷、专利侵权、劳动纠纷等各种法律问题。

2. 法律风险的类型

合规风险，指公司未能遵循相关法律法规要求的风险。例如，公司在营销活动中没有遵守消费者权益保护法，可能面临罚款或声誉受损的风险。

合同风险，即在签订和执行合同过程中可能出现的法律纠纷风险。例如，公司与供应商签订的合同未能明确规定交付期限，可能引发双方的合同纠纷。

知识产权风险也是一种常见的法律风险类型，指公司可能侵犯他人的知识产权，导致侵权纠纷和经济损失。

劳动纠纷风险是指与员工相关的法律问题，例如，员工权益保护、劳动合同违约等。

（二）法律风险控制策略的理论框架

1. 规避风险

公司可以通过合规性管理、严格遵守法律法规以及建立健全内部控制系统来规避潜在的法律风险。例如，公司可以制定明确的流程和规定，确保员工遵守相关的法律法规，规避潜在的违法行为。公司还可以定期进行风险评估和内部审核，及时发现和解决可能存在的法律风险。

2. 转移风险

公司可以通过购买保险等方式将一部分法律风险转移给保险公司或其他机构，减轻自身承担风险的压力。例如，对于一些高风险的业务活动，公司可以购买责任保险，以应对可能发生的法律纠纷。通过转移风险，公司可以降低自身面临的法律风险，并将其转嫁给专业的保险机构。

3. 降低风险

公司可以通过建立有效的内外部合作机制，加强与法律顾问、监管机构、行业协会等的沟通与合作，提升对法律风险的认识和理解。此外，公司还可以加强员工培训和教育，提高员工的法律意识和风险防范能力，从而降低发生法律风险的概率。

4. 接受风险

尽管公司可以采取一系列措施规避、转移和降低法律风险，但某些风险是无法完全避免的。在这种情况下，公司需要决策者和管理层有信心和能力对风险进行评估，决策是否接受该风险。在决策过程中，公司需要全面考虑法律风险与公司长期发展战略的关系，从而做出明智的决策。

（三）法律风险控制策略的实践意义

通过有效的法律风险控制策略，可以规避潜在的法律风险，降低公司面临的风险程度，并为公司的健康发展提供保障。下面将从三个方面探讨法律风险控制策略的实践意义。

规避风险的策略在法律风险控制中起到关键作用。通过规避潜在风险，公司可以避免踏入可能导致法律诉讼、合规问题或资产损失的陷阱。例如，公司可以制定和执行有效的合规制度和程序，确保员工严格遵守法律法规，从而规避员工违法行为带来的法律风险。公司还可以通过加强内部控制、建立风险管理机制等方式，规避与合同履行、知识产权保护、跨国交易等相关的法律风险。

转移风险的策略在法律风险控制中发挥重要作用。通过购买适当的保险，公司可以将一部分法律风险转移给保险公司。例如，公司可以购买责任保险来应对可能发生的损害赔偿责任，或者购买财产保险以覆盖可能发生的财产损失。通过合理而有效地进行风险转移，公司可以在遭受法律风险时减少损失，并保证公司的正常运营。

降低风险的策略在法律风险控制中具有重要意义。公司可以通过建立健全合规体系和风险管理体系，降低法律风险的发生概率和影响程度。例如，公司可以制定详细的合规操作流程和制度，明确员工的合规职责和义务，加强对外部合作伙伴的尽职调查，确保公司的行为符合法律法规要求。此外，合理利用法律工具和技术手段，及时解决可能存在的法律纠纷和争议，也是降低法律风险的重要途径。

二、公司治理结构中的法律风险控制策略

（一）规避风险的策略

1. 建立健全法律合规体系

这包括明确内部控制制度、制定和实施各项政策和规章制度，并通过合规培

训和知识普及活动,提高员工的法律合规意识。通过建立有效的合规机制,公司能够规避许多潜在的法律风险。

2. 定期进行风险评估和风险预警

通过对内外部环境的综合分析,公司可以及时识别出可能存在的法律风险,并采取相应的措施予以解决或规避。风险评估和风险预警的过程应该是系统化和科学化的,以确保公司能够做出准确的决策和应对措施。

3. 建立合理的合同管理制度

合同是公司与外部各方之间的法律约束文件,合同的管理对于规避风险至关重要。公司应确保合同的起草、签订和执行符合相关法律法规和商业规范,避免合同漏洞和风险。此外,公司还应确保合同条款明确、合理,以减少发生纠纷的可能性。

4. 加强对关键业务环节的监控与管理

在公司治理结构中,关键业务环节的合规性和风险控制至关重要。公司应加强对内外部交易、市场准入、财务报表等关键业务环节的监控和管理,通过制定详细的流程和规范,确保相关业务的合规性和风险可控性。

5. 参与行业自律和监管机构的规则制定和改革

通过参与行业标准和规范的制定,公司可以在一定程度上规避和控制法律风险。此外,公司应了解最新的监管政策和法规要求,确保自身的运营活动符合法律法规的要求。

(二)转移风险的策略

转移风险的策略是指公司采取措施将潜在的法律风险转移给其他相关方,以降低公司自身的风险承担。在公司治理结构中,转移风险的策略通常有以下几种方式。

1. 购买保险

保险作为一种经济性的手段,帮助公司分担风险,特别是在面对诉讼、侵权等法律风险时。通过购买适当的保险,公司可以将潜在的经济损失转移给保险公司，以防止因法律纠纷而带来的财务风险。

2. 合同的签订和条款的约定

公司在签订合时可以借助合同条款来规避一些法律风险。例如，在与供应商或合作伙伴签订合同时可以明确约定对方在合同履行过程中承担的法律责任，以减少公司自身承担的风险。

3. 委托外部专业机构

在面对复杂的法律问题时，公司可以聘请律师事务所或法律顾问等专业机构进行法律咨询和代理，以确保公司在法律事务中的合规性和风险控制。委托外部专业机构的好处在于其具备专业知识和经验，能够为公司提供准确可靠的法律意见，并在必要时代替公司进行法律诉讼或争议解决。

4. 采取合资、合作等方式

通过与其他公司进行合资或合作，公司可以将一部分法律风险转移给合作方分担，有效降低自身的风险承担。合资和合作项目可以在协议中明确双方的权责和分担比例，以确保各方在法律风险方面的权益得到保护。

（三）降低风险的策略

降低风险是公司治理结构中的重要环节，通过采取适当的策略可以有效地减少法律风险的发生和影响，以下是降低风险的几种策略。

1. 制定明确的制度和流程

一个公司应该建立起一套完善的制度和流程，明确定义各级管理者的职责和权限，并制定相应的规章制度和标准操作程序。这样可以确保各个环节都遵循正确的法律程序，降低违规风险的产生。

2. 加强内部控制

内部控制是公司治理的基础，可以帮助公司更好地管理风险。公司应该建立健全内部审计制度，加强对财务、人力资源、采购等重要环节的监控和管理，及时发现并解决潜在的法律风险问题。

3. 加强公司文化建设

公司文化是影响员工行为的重要因素，健康的公司文化有助于降低法律风险。公司可以通过培养员工的法律意识、推行诚信文化以及建立正向激励机制来引导员工遵守法律法规，并增强对法律风险的警觉性。

4. 加强法律风险管理与培训

公司可以聘请专业的法律事务团队，定期进行法律风险评估和管理，确保制度和措施的有效性，并及时修订和完善相关制度。此外，公司还应该为员工提供法律知识的培训，提高员工的法律素养和风险意识，以帮助他们更好地应对法律风险。

5. 建立良好的合作关系

与供应商、客户、其他合作方建立良好的合作关系是降低法律风险的重要手段。密切的合作关系可以帮助公司及时获取相关信息，减少信息不对称造成的风险，并能够共同应对潜在的法律问题。

（四）接受风险的策略

接受风险是公司治理结构中的一种重要策略，尽管它可能会带来潜在的不利影响，但在某些情况下，接受风险是不可避免的。接受风险的策略主要包括认识风险、评估风险和处理风险三个步骤。

1. 认识风险

公司需要对风险进行深入的认识，包括了解风险的来源、性质、潜在影响以及可能带来的损失。这是制定后续策略的基础，只有明确了风险的本质，公司才能更好地应对风险的挑战。

2. 评估风险

在认识风险的基础上，公司需要进行风险评估，即对可能发生的风险进行定量或定性的分析和评估。这一步骤的目的是确认风险的概率和影响程度，以便公司能够根据风险的重要性程度来决定是否接受风险。评估风险需要依赖有效的数据和信息，并结合专业人士的意见和经验，以确保评估的准确性和可靠性。

3. 处理风险

针对已经认识和评估的风险，公司需要制定合适的处理策略。对于一些具有较低概率和影响度的风险，公司可以选择接受风险，即不采取进一步的措施来降低或规避风险，而是承担可能的损失。这种策略通常适用于对公司业务或战略目标产生较小影响的风险。然而，对于一些重要的风险，公司可能需要采取更加积极的措施，如购买保险、委托专业机构管理风险、制订相应的风险管理计划等来减轻或转移风险。

三、法律风险控制策略在公司治理中的应用案例分析

（一）规避风险策略的应用案例

通过预见潜在的法律风险并采取相应的措施，公司可以尽可能地避免风险并保护自身的利益。以下是一个应用案例，以帮助理解规避风险策略在公司治理中的应用。

[案例]某跨国零售企业面临投资亏损的风险。公司的法务团队在市场研究和法律咨询的基础上，发现某个国家的法律环境对外商投资较不友好，存在较高的政治不稳定性和法律风险。为了避免潜在的投资亏损，公司决定规避该国市场，并转向其他潜在更有利可图的市场。

公司决策团队对市场进行了全面的研究和分析，了解了政治、经济、法律等方面的情况。法务团队与外部法律专家合作，对该国的法律环境进行深入研究，包括投资规定、税务政策、劳工法律等方面。通过这些研究和分析，公司的法务团队得出结论，认为该国的法律环境对于外商投资来说存在较高的不确定性和风险。

基于这一结论，公司决策团队决定规避该国市场，并寻找其他更有利可图的市场机会。他们通过评估其他国家的政治稳定性、法律环境、市场潜力等因素，选择了一个潜在发展较好的市场进行投资。同时，他们也加强了对合规管理和风险控制的重视，确保公司在新市场的运营符合当地法律法规和规定。

在实施规避风险策略时，公司还制定了一系列具体的措施。例如，与当地律师事务所建立合作伙伴关系，以便及时获取法律咨询和风险提示；建立合规部门，

负责全面监测和管理公司的合规风险;加强员工培训,提高员工对法律风险的意识和敏感度等。

通过规避风险的策略,该跨国零售企业成功地避免了投资亏损的风险,并取得了在新市场的良好发展。这个案例充分展示了规避风险策略在公司治理中的应用以及它对保护公司利益的重要性。

通过深入了解和分析市场、法律环境等因素,并采取相应的措施,公司可以有效地规避潜在的法律风险,并保护自身的利益。这不仅有助于公司的健康发展,也是公司治理的关键一环。

(二)转移风险策略的应用案例

转移风险的策略在公司治理中旨在将风险从组织内部转移给其他外部实体,以降低自身承担风险的压力。在实践中,公司可以通过多种方式来实施风险转移策略,如保险购买、合同约定、共享风险等。以下将通过分析几个实际案例,来探讨转移风险策略的应用和效果。

1.引入保险机制

例如,在2019年某公司举办的大型展览活动中,为了应对潜在的责任风险,该公司购买了相关的展览责任保险。由于展览活动涉及大量参与者和展示品,存在意外损坏、人身伤害等风险。通过投保相应的保险,公司成功将潜在的风险转移给了保险公司,一旦出现风险事件,可以通过索赔来进行赔偿,减轻了公司自身的经济负担。

2.合同约定

在某创新科技公司的供应链管理中,合同条款明确规定了供应商对产品质量和交货期的责任和承担方式。通过与供应商签订合同,并在合同中明确约定供应商应承担的责任范围和赔偿责任,公司成功将风险责任转移给了供应商。一旦供应商未能履行合同义务,造成质量问题或延迟交货,公司可以根据合同要求追究供应商的责任,从而降低了自身的运营风险。

3.共享风险

在某能源公司的项目合作中,为了分散风险并提高项目成功的概率,公司与多个合作伙伴建立了联合投资的合作模式。通过共同承担项目风险和利益，公司成功将部分风险转移到合作伙伴身上，共同分享风险和回报。这种转移风险的策略不仅减轻了公司自身的风险压力，还提高了合作伙伴的参与度和责任感，有助于形成更稳固的合作关系。

转移风险的策略在公司治理的应用案例中展示出了多样化的形式和效果。通过引入保险机制、明确合同约定、共享风险等方式，公司可以有效转移一部分风险，以降低自身的风险承担。然而，转移风险只是风险控制的一种手段，公司应该综合考虑风险的成本与效益，选择合适的策略来实现综合利益的最大化。

(三)降低风险策略的应用案例

通过采取有效的措施来降低风险，公司可以提高经营稳定性和可持续发展能力。下面将通过分析一些实际案例，来说明降低风险的策略在公司治理中的应用。

1. 某电子产品制造公司的供应链管理

该公司采取了一系列措施来降低供应链风险。首先，公司与供应商建立了长期合作关系，并制定了详细的供应商评估和选择标准。其次，公司定期进行供应商绩效评估，对不符合要求的供应商采取相应的纠正措施或寻找替代供应商。最后，他们还积极开展供应链风险管理培训，提高员工对风险的认识和应对能力。通过这些措施，该公司成功地降低了供应链风险，确保了生产的稳定性和产品的质量。

2. 某互联网金融公司的信息安全管理

在面临日益增长的网络安全威胁时，该公司采取了一系列措施来降低信息安全风险。首先，他们加强了系统的安全性能和稳定性，通过引入先进的技术和设备来保护公司的信息系统。其次，他们实施了严格的权限管理制度，确保只有授权人员才能访问和操作敏感数据。最后，公司还定期对员工进行信息安全教育和培训，提高其安全意识和保护能力。通过这些措施，该公司成功地降低了信息安全风险，保护了客户的资金和隐私。

3. 某制药公司的质量管理策略

为了降低质量风险，该公司实施了严格的质量管理体系。首先，公司建立了一套完善的质量控制流程,包括原材料的检验、生产过程的监控、成品的检测等。其次,公司加强了对供应商质量的监管和评估,只选择质量稳定可靠的供应商合作。最后,公司还实施了不断改进的质量管理方法,包括引入新的技术和设备,优化生产工艺和流程等。通过这些措施,该公司成功地降低了产品质量风险,确保了产品的安全和可靠性。

通过合理的措施和方法,公司可以有效地降低各种风险,提升经营的稳定性和竞争力。在供应链管理、信息安全管理和质量管理等方面,正确认识并应用降低风险的策略,将为公司带来可持续发展的机遇与挑战。因此,在公司治理实践中,不断强化风险意识、探索适合自身特点的风险控制策略,是每一家公司必须重视和实施的重要工作。

(四)接受风险策略的应用案例

在公司治理结构中,接受风险的策略是一种策略选择,旨在通过识别风险、评估风险并接受风险,以限制不可预测的不利事件对公司的影响。接受风险的策略通常在其他风险控制策略无法实施或效果有限的情况下采取。下文将通过两个实际案例,探讨接受风险策略在公司治理中的应用。

1. 制造业公司的案例

该公司运作多个工厂,涉及原材料的采购、生产过程中的变动以及产品的销售。在某次越发严重的供应链危机中,公司无法及时采购到所需的原材料,导致生产停滞和销售订单的延迟。尽管公司进行了事前的供应链风险评估和规划,但无法准确预测到这次危机的规模和严重程度。面对这一情况,公司高层决定接受这一风险,而不是选择其他策略。他们接受了生产停滞的风险,并立即采取了各种措施,以最大限度地减少对客户的影响,并努力恢复生产。虽然公司在短期内遭受了一些经济损失,但他们成功控制了这次危机,并在后续的供应链管理中加强了风险控制。

2. 金融机构

在金融行业,风险无处不在,尤其是市场风险和信用风险。该金融机构后勤部门意识到,由于外部环境的不确定性和金融交易的本质,完全避免风险是不现实的。因此,该金融机构采取了接受风险的策略,并制定了详细的风险管理措施。

该金融机构开发了一套先进的风险评估模型，评估和监测各类金融产品的风险。同时，该金融机构建立了严格的风险管理制度，包括资产配置、投资组合管理和风险控制等方面的规定。通过接受风险并精细管理，该金融机构有效地降低了风险带来的损失，并在不断变化的金融市场中保持了相对稳定的经营状况。

从以上两个案例中可以看出，接受风险的策略在公司治理中具有一定的实践价值。然而，需要注意的是，在选择接受风险的策略时，必须进行全面的风险评估，并制定相应的控制措施，以最大限度地减少风险带来的损失。此外，公司还应该与内外部利益相关者进行充分的沟通和协调，以确保风险接受策略的有效实施。

第三章　公司治理结构中法律风险控制实践

第一节　公司治理结构中股东权益保护的法律风险控制

一、股东权益保护的重要性

（一）公司治理结构中的股东权益

股东是公司的所有者，他们通过持有股份而获得对公司的所有权和控制权。公司治理结构的设计和运行应该致力于保护股东权益，确保股东的权益得到充分尊重和保护。

在公司治理结构中，股东权益的保护意味着股东有权参与并行使决策权。公司的决策权常常被董事会和高级管理层行使，而股东必须通过投票权来影响决策过程。因此，确保股东投票权的充分发挥是股东权益保护的重要内容之一。公司应该建立有效的投票机制，让股东有机会参与重要决策的制定，并确保他们的投票权不受限制或压制。

股东权益保护还意味着保护股东的财产权益。股东作为公司的所有者，拥有对公司资产与利润的分享权。公司应该制定合理的财务政策和分配政策，确保股东的合法权益得到保障。此外，公司应该建立健全信息披露制度，向股东提供及时、准确、完整的信息，让股东能够全面了解公司的经营状况和财务状况，从而保护股东的知情权和监督权。

股东权益保护还需要确保股东在公司经营过程中得到公平对待和平等待遇。公司治理结构应该遵循公平公正的原则，不偏袒任何一方利益。同时，公司应该设立有效的监督机制，确保决策和执行过程的透明度和合法性，防止腐败和滥用权力等不当行为的发生。

保护股东权益有助于增强公司治理的稳定性和可持续发展能力。只有通过营造公平公正的公司治理环境，才能吸引更多的投资者参与并愿意持有其股份，从而推动公司的发展和增长。因此，公司应该重视股东权益的保护，注重建立完善的法律框架和控制策略，以最大限度地保护股东的合法权益。

（二）股东权益保护的经济意义

股东权益的保护能够激发股东积极参与公司决策的热情，促进公司经营和管理的有效性。当股东的权益得到充分保护时，他们将更有信心和动力参与公司的决策，并就公司的经营问题提出建设性的意见和建议。这将有利于公司管理层获得更多来自股东的信息和反馈，从而更好地调整战略，改进业务运营，提高整体经济效益。

股东权益的保护有助于提升公司的价值和吸引投资者的信任。一个法律、制度相对健全，对股东权益重视的公司，会更受投资者的青睐。当股东的权益得到保护时，投资者对公司的信心会增强，进而导致股票价格的上涨，从而提高公司的市值。投资者对于公司治理结构和股东权益保护机制也非常关注，一个股东权益保护完善的公司将能够吸引更多的优秀投资者和国内外投资资金，为公司的发展提供更多的资源和支持。因此，股东权益的保护对于公司的市值和品牌形象具有显著的积极影响。

股东权益保护的提升对于国民经济的稳定和可持续发展也具有重要作用。在一个合理的法律框架下，股东能够享有自己的权益，这将促进资源的高效配置和经济的稳定发展。在股东权益得到保护的情况下，股东将更加倾向于长期投资和稳定持股，而非短期投机和频繁交易，这将有利于提高市场的稳定性和经济的可持续发展。此外，股东权益的保护还意味着公司治理机制的规范和透明，这将消除投资者与公司之间的信息不对称，提升市场的信心和稳定性。

（三）股东权益保护的社会意义

股东权益保护的实施促进了公平竞争和市场的稳定发展。在市场经济的背景下，公司治理结构的稳定性对于经济的健康发展至关重要。股东权益的保护可以确保公司的运作透明公正，减少不当行为的发生，从而维护市场秩序和公平竞争的环境。

股东权益保护对于投资者的信心和保护起着重要作用。投资者作为公司治理结构中的一方，他们通过购买股票来参与公司，享受其增值和分红。对于投资者来说，一个健全的股东权益保护机制可以增强他们对公司的信心，鼓励他们积极参与投资活动。相反，如果股东权益得不到保护，投资者的利益就可能受到损害，投资热情降低，市场秩序受到扰乱。

股东权益保护的社会意义还体现在对于企业社会责任的推动上。一个负责任的企业应该确保股东的权益得到充分保护，同时关注和尊重其他利益相关方的权益。通过加强股东权益保护，可以促使企业更加重视社会和环境的可持续发展，实现经济效益、社会效益和环境效益的平衡。

股东权益保护对于社会的稳定和公共利益的保护也具有重要意义。股东权益保护的实施可以减少公司内部的腐败行为和不当行为，从而维护社会的秩序与公共利益。这对于构建和谐社会，增加人民的幸福感和满意度具有积极作用。

二、股东权益保护的法律框架

(一)公司法的股东权益保护规定

在公司法中，有一系列针对股东权益保护的规定，旨在保障股东的合法权益，促进公司的稳定发展。

公司法明确规定了股东的权利和义务。根据公司法规定，公司股东享有投票权、收益权和决策权等多项权利。这些权利为股东参与公司决策、分享收益提供了法律保障。公司法也规定了股东的义务，如履行出资义务、保守商业秘密、不侵犯公司利益等，以确保股东行为符合法律规范，不损害公司和其他股东的权益。

公司法规定了关于股东会和股东大会的制度安排。股东会和股东大会是股东行使权利、参与公司决策的主要机制。公司法规定了股东会和股东大会的召开程序、表决规则、议案提出和审议程序等内容，确保了股东能够充分行使自己的权利，参与公司事务的决策过程，同时也为股东行使权利提供了有效的监督和保障。

公司法还对信息公开、权益保护措施等方面进行了规定。公司作为一种特殊的经济组织，其运作涉及大量的信息和利益。公司法要求公司及时向股东公开必要的信息，避免信息不对称，防止股东权益受损。根据公司法的规定，公司必须制定一系列保护股东权益的措施，如设立独立董事制度、增设特别审计程序等，以保障股东的权益不受侵犯。

公司法的股东权益保护规定为公司治理提供了法律框架和制度保障。通过规范股东的权利和义务、设立股东会和股东大会、加强信息公开和权益保护措施等，公司法为股东权益保护提供了坚实的基础。然而，仅仅依靠法律规定还不足以完全保障股东权益的实现，还需要进一步强化法律的执行力度，加强对公司治理的监管和监督，以确保股东权益得到充分的保护和实现。

(二)证券法的股东权益保护规定

证券法作为公司治理的重要法律框架之一,也对股东权益保护做出了一系列的规定。证券法主要通过以下几个方面来保护股东的权益。

证券法对于信息披露提出了明确的要求。作为股东权益保护的基本前提,信息披露的规定旨在保障股东能够获得足够的公司经营信息,以便能够做出明智的投资决策。根据证券法的规定,上市公司必须定期公开财务报告、年度报告和其他重要信息,确保投资者能够及时了解公司的经营情况和风险状况。证券法还规定了公司应对重大事项进行及时披露,以免股东因信息不对称而受到损害。

证券法对于股东权利的保护也有明确规定。根据证券法的规定,股东享有权益分配、知情权、表决权等多种权利,并且公司应当为股东提供便利的行使这些权利的机制。例如,在股东大会上,证券法规定了股东有权提出议案、行使表决权以及参与决策的权利。证券法还规定了对于股东权益的侵害行为应当予以追究,为股东提供了维权的法律保障。

证券法也规定了股东的信息沟通渠道。证券法要求公司设立投资者关系部门,负责与股东的沟通和交流。股东可以通过电话、电子邮件等方式与公司进行沟通,提出问题并获得回复。这一规定有效地促进了公司与股东之间的交流和信息传递,为股东权益保护提供了便利。

证券法还对于内幕交易和市场操纵等违法行为进行了严格规定。这些行为严重损害了股东的权益,证券法规定了相应的惩罚措施,并通过完善的市场监管机制来保护股东的正当权益。证券法对于内幕交易的监管主要包括信息披露要求、内幕交易禁止和违法行为的追责等方面。

(三)判例法的股东权益保护实践

判例法的特点是通过先例法的方式,根据具体案例来制定适用于类似案件的原则和规则。股东权益保护实践中的判例法主要体现在两个方面:合同纠纷和公司决策合法性。

在合同纠纷方面,判例法可以发挥重要的作用。例如,当股东之间发生合同争议时,判例法可以解决争议的方式和原则。判例法在此过程中起到了指导和规范的作用,保护了股东的合法权益。比如,在一起合同纠纷案例中,法院判决股东在合同约定的股权转让条件不满足时,有权拒绝转让股份。这一判例为其他类似争议提供了指导意义，确保了股东在合同关系中的权益得到保护。

判例法在公司决策合法性方面也具有重要意义。根据公司法和证券法的规定，股东在公司决策中享有相应的权力和地位，其中就包括股东有权监督公司的决策合法性。而判例法在此过程中提供了对具体情况的判断和评价，为股东权益保护提供了实践方法。例如，在一起有关股东决策合法性的案例中，法院通过对公司决策程序的审查，判定了公司董事会决策的合法性，确保了股东的权益得到充分保护。

三、股东权益保护的法律风险

（一）股东权益受损的法律风险

1. 公司内部欺诈行为

在公司治理中，存在着一些股东权益受损的风险。公司内部的欺诈行为可能导致股东权益的受损。例如，公司高层管理人员可能通过虚报利润、突破承诺等手法来夸大公司业绩，从而误导投资者，损害股东权益。这些欺诈行为不仅违背了公司治理的基本原则，也违反了相关证券法律法规，给股东带来了严重的经济损失。

2. 股东权益受到侵犯

股东权益可能受到侵犯的风险也是公司治理中需要关注的问题。股东权益的受损体现在多个方面，比如，在股东权益变化、控制权争夺等方面。例如，一些董事会成员可能滥用职权，将公司的利益私自转移给其他利益相关方，导致股东权益受到侵犯。此外，一些控股股东可能通过虚假交易、关联交易等手段，削弱小股东的权益地位，致使小股东难以维护自己的权益。

3. 法律监管不到位

股东权益受损的法律风险还与法律监管不到位有关。目前，我国在公司治理方面已经建立了一系列法律制度，包括公司法、证券法、资产评估法等。然而，在实际执行中，法律的监管力度存在不足之处。部分公司可能存在规避法律监管的行为，导致投资者的权益无法得到有效保护。此外，执法机构在发现股东权益受损的违法行为时，可能存在调查不彻底、证据不足等问题，导致法律责任难以追究。

（二）法律制度不完善的风险

在公司治理结构中，法律制度不完善是一种重要的法律风险，它对股东权益保护构成潜在威胁。一方面，不完善的法律制度可能导致投资者难以有效行使他们的权益，进而使股东权益受到损害。另一方面，不完善的法律制度可能造成公司内部权力的滥用和违规行为的发生，进一步加剧股东权益的风险。

不完善的法律制度可能存在一些漏洞和缺陷，使得投资者的权益保护难以得到有效的实现。例如，公司法规定的权益保护机制可能存在模糊不清的条款或者没有明确的实施细则，导致在实践中无法得到充分的保障。法律制度中的补偿机制可能存在不完善或者不公正的情况，投资者在股东权益受到损害时难以得到公平的补偿。

不完善的法律制度可能导致公司内部权力滥用和违规行为的滋生。缺乏明确规定的法律制度可能导致公司管理层在决策过程中存在过度集中权力、操纵股东投票等情况。不完善的法律制度可能使公司管理层面临较低的法律责任，难以追究违规行为的责任，从而进一步损害股东权益。

为了应对法律制度不完善的风险，有必要采取一系列的法律风险控制策略。首先，加强对现行法律制度的研究和分析，发现存在的问题和缺陷，并提出相应的改善建议，促进法律制度的完善。其次，建立有效的监管体系，加强对公司治理的监督和执法力度，保障股东权益的落实。最后，需要加强对公司管理层的监督和约束，明确其责任和义务，并加大对违规行为的惩罚力度。

（三）法律执行力度不足的风险

法律执行力度不足会导致股东权益保护的失效。尽管法律中明确规定了股东权益的保护原则和措施，但如果执行力度不足，那么，这些规定就只停留在纸面上。无法有效执行的法律纲领不能真正保护股东的权益，这将使股东感到无法信任和依赖法律。

法律执行力度不足会导致股东权益的无效诉求。当股东发现自身权益受到侵害时，他们将寻求法律途径来解决争议。如果法律执行力度不足，股东的诉求往往只能得到有限的回应甚至被忽视。这种情况下，股东的维权诉求将无法得到切实有效的满足，股东权益的保护被削弱。

法律执行力度不足可能导致一些不法之徒滥用权力。在缺乏有效法律执行力度的情况下，一些不法经营者或高管可能会利用法律的漏洞或执行上的障碍，对股东权益进行损害。这种滥用权力的行为严重损害了公司治理的公平性和规范性，进而影响了公司的长远发展。

（四）法律责任追究难的风险

股东权益的保护在公司治理中起着至关重要的作用。然而，即使有完善的法律框架和制度来保护股东权益，依然存在一定的法律风险。其中一个重要的风险是法律责任追究难的风险。

在股东权益受损的情况下，股东可能希望通过法律手段追究责任。然而，由于种种原因，法律责任追究并非容易实现。首先，证明责任的过程具有一定的复杂性。股东需要收集全面、充分的证据来证明股东权益的受损和造成受损的原因，这往往需要耗费大量的时间和资源。由于股东往往是公司的小股东，与公司管理层和大股东存在信息不对称的问题，他们在获取证据和调查情况上面临着困难。

即使存在证据和充分的法律支持，实施法律责任追究也面临着司法体制的挑战。司法系统的繁忙程度和资源有限，导致案件的审理速度缓慢。股东可能需要等待很长时间才能得到法院的审判结果，并且在此期间，他们的权益仍然受到威胁。在一些国家，司法体制的腐败问题也导致股东的法律责任追究难以实施。

法律责任追究所需要的经济成本也是不可忽视的。股东可能需要支付律师费用、诉讼费用以及其他相关费用，这无疑给小股东带来了一定的经济负担。对于一些股东而言，他们可能无法承担这些费用，从而放弃了法律责任追究的机会。

四、股东权益保护的法律风险控制策略

（一）建立完善的公司治理结构

通过建立权利与职责明确、信息披露透明的公司治理结构，可以有效保护股东权益，提升公司的价值和竞争力。

建立公司治理结构应注重权力分离和监督机制的设计。管理层和董事会之间的权力分离是关键,可以避免公司内部的权力滥用或利益冲突。此外,应加强董事会的独立性和专业水平,确保其能够有效监督管理层的行为,维护股东利益。同时,建立健全内部控制制度,防止公司资产被挪用、内部审计不力等问题。

完善信息披露制度也是建立公司治理结构的重要方面。信息披露的透明度和准确度对于股东权益保护至关重要。公司应主动披露财务状况、经营业绩、风险状况等信息,保证投资者能够全面了解公司的运营情况,减少信息不对称的可能性。此外,应建立有效的投资者保护机制,包括股东大会、股东提案制度等,为股东行使权利提供保障。

加强公司治理结构的法律法规建设和执行力度也不可忽视。相关法律法规对于公司治理结构的规范和监督起到了重要作用。政府应加大立法和执法力度,确保公司遵守相关法律法规。同时,加强司法审判和行政执法能力,并建立健全违法违规行为的惩罚机制,为股东维权提供有力支持。

加强股东权益保护的宣传和教育工作也是建立完善公司治理结构的重要环节。股东需要具备相关法律、经济知识,了解自己的权益和义务。因此,应加强股东的法律意识教育,提高其对于公司治理结构的关注和参与度。同时,加强与股东的沟通和互动,建立良好的公司与投资者关系,共同推动公司治理的不断完善。

(二)加大法律制度的完善和执行力度

通过加大法律制度的完善,可以提供更加健全、明确和有效的法律保障,从而增强股东的权益保护。

加大法律制度的完善需要在两个方面进行努力。一方面,需要完善相关的法律法规,确保其与时俱进、适应市场变化。公司治理结构中股东权益保护的法律框架需要与市场需求相匹配,能够有效应对各种可能出现的问题和挑战。另一方面,需要完善法律制度的衔接。不同法律法规之间的配套衔接能够形成一个完整的法律体系,从而更好地保护股东的权益。

加大法律制度的执行力度同样非常重要。即使拥有完善的法律法规,如果没有得到有效的执行,股东权益仍然难以得到保护。因此,加强法律执行力度至关重要。这需要依靠相关部门和机构的高效运作,确保法律规定得到切实的执行。同时,还需要完善相关的法律监督和评估机制,及时纠正和处理违法行为,以保护股东的权益。

加大法律制度的完善和执行力度,诚然面临一定的挑战和困难。然而,相关部门可以通过多种途径来克服这些问题。首先,政府部门要积极引导并推动立法工作,为股东权益保护提供更加完善、全面的法律保障。其次,加强对相关法律法规执行情况的监督和评估,及时发现和解决问题,确保相关法律规定的有效实施。最后,需要加强对法律意识的宣传和培养,提高股东对自身权益保护的法律意识,从而推动法律制度的有效实施和落地。

(三)提高股东权益保护的法律意识

股东作为公司所有权的持有者,对公司治理的重要性应有深刻的认识。在加强法律意识的基础上,股东能够更好地发挥监督作用,进一步促进公司治理优化。

股东应了解相关法律法规,并关注其变化和发展。他们应不断学习公司治理理论,了解不同国家和地区的法律框架和制度。对于公司内部的制度和规定,股东也应有所了解,以便及时发现问题并提出建议。

股东应积极参与公司的决策和执法过程。他们应了解公司治理结构和相关人员的职责和权限。通过理解公司决策过程,股东可以确保他们的观点得到充分考虑。股东还应定期参加公司股东大会和重要决策会议,以保护自己的权益。

股东还应密切关注公司的经营情况,及时了解公司的财务状况和经营业绩。通过分析和评估这些信息,股东可以更好地了解公司的实际状况,并作出适当的决策。股东还应关注公司的内控制度,确保公司合规经营,防止潜在的法律风险。

股东还应积极参与股东权益保护的相关活动和组织。他们可以加入股东协会或投资者保护组织,以增强自身的议价能力和权益保护能力。此外,股东还可以通过诉讼和仲裁等方式,维护自身权益,并推动公司改进其治理结构和制度。

(四)建立和完善股东权益保护的法律纠纷解决机制

在公司治理结构中,建立和完善股东权益保护的法律纠纷解决机制的建立可以为股东提供合法权益的保护,有效维护公司的稳定和发展。在实践中,针对股东权益纠纷,可以采取以下措施来构建一个高效的法律纠纷解决机制。

1. 建立起一套完善的纠纷解决程序

在面对股东权益纠纷时,要确保有明确的诉讼和仲裁程序,以提供对争议进行合理、公正、高效解决的途径。这一程序应当清晰规定各方的权利和义务,并保证合理的时间和成本。

2.加强相关法律法规的修订和执行力度

只有依法行政,才能确保纠纷解决的公正性和权威性。在此基础上,应制定和完善相关具体规定,明确股东权益的内涵和保护范围,提供明确的诉讼和仲裁标准,确保各方的权益得到切实保护。

3.提高股东权益保护的法律意识

通过加强对法律知识的普及和宣传,使股东意识到维护合法权益的重要性,并了解相关法律法规、纠纷解决的渠道和途径,以便在遇到纠纷时及时寻求法律帮助,保护自身权益。

4.建立健全调解和仲裁机构

调解是一种灵活、高效的纠纷解决方式,可以在较短时间内实现争议的快速解决。仲裁机构则可以提供独立中立的第三方裁决,确保纠纷解决的公正性和权威性。因此,应当建立并完善这些机构,提供专业的仲裁师和调解员,为股东纠纷的解决提供有力支持。

第二节 公司治理结构中董事义务与责任的法律风险控制

一、公司治理结构中董事的角色与职能

(一)董事的角色定义

董事的角色主要是从全局的角度出发,为公司的整体利益着想,并代表公司股东行使相关职权。董事在公司治理中承担着监督、决策和引导的职责,可以说是公司决策的中枢。

董事的角色是代表股东监督公司的运营情况。作为股东代表,董事有责任确保公司以健康、规范的方式运营,同时保护股东的利益。他们需要对公司的财务报告、经营计划和治理政策进行审查,确保公司的决策符合法律法规和行业标准,避免违规操作。

董事的角色包括参与并指导公司的战略决策。他们需要了解行业的发展趋

势和公司的竞争环境，为公司制定长期发展战略和目标，确保公司具有竞争优势。董事需要具备深入的行业知识和战略眼光，才能做出明智的决策，推动公司持续发展。

董事在公司治理中担任重要的沟通和联络角色。他们与高级管理人员密切合作，确保公司的运营和管理与公司治理结构相一致。董事需要与其他公司的高级管理层、监管机构和投资者等各方进行沟通，确保公司的决策得到适当的支持和理解。

（二）董事的职能分析

董事在制定公司发展战略和决策方面发挥着关键作用。作为公司的最高决策机构，董事会应该制订和执行公司的战略规划，包括发展目标、市场定位、业务拓展等。他们需要评估可行性、风险和回报，并根据整体战略选择合适的方向。董事还需要对公司的财务状况、业绩和未来前景进行综合分析，以指导公司的运营和决策。

董事在监督和控制方面发挥着重要的作用。他们应该对公司的运营进行监督，并确保公司的各项活动符合法律法规和道德规范。董事还应该建立有效的内部控制体系，确保公司的资源和资产得到合理的使用和保护。他们需要对公司的风险进行评估和管理，制定控制措施，以防止潜在的损失或违规行为。

董事还承担着维护利益相关方利益的责任。他们需要平衡不同利益相关者之间的利益，包括股东、员工、供应商、客户等。董事应该秉持公平公正的原则，确保公司的决策和运营不会损害他们的合法权益。董事还需要与利益相关者进行沟通和协商，建立良好的合作关系，促进共赢和可持续发展。

董事还有着义务和责任履行的要求。他们应该遵守法律法规和公司章程的规定，保持良好的道德操守和职业素养。董事需要保护公司的利益，并做出正确和明智的决策。当董事发现违法违规行为时，他们应该及时采取措施进行纠正，并报告相关部门或机构。董事还需要参与公司的风险预防和管理，确保公司的经营活动符合法律要求，并最大限度地避免法律风险的发生。

（三）董事在公司治理中的地位

董事作为公司的最高决策机构，具有决策权。他们有权决定公司的发展方向、战略规划以及重大经营决策，如投资、融资和并购等。董事的这种地位使得他们有能力对公司的业务进行全面的指导和规划。

董事在公司治理中充当着重要的监督者角色。他们应负责对公司的经营活动进行监督，确保公司遵守法律法规和合规经营。董事应履行其监督职责，审查公司的财务报表、经营情况和风险状况，及时发现问题并采取相应措施。这种监督角色的发挥使得董事能够促使公司的经营更加合规、稳健。

董事还承担着对公司股东和利益相关方负责的义务。他们应该积极履行信息披露义务，及时向股东和其他利益相关方提供有关公司经营状况和风险状况的信息。董事应保护股东权益，维护公司的声誉和利益。在决策过程中，董事需要综合考虑公司长远发展和股东权益的平衡。

董事在公司治理中也具有社会责任。他们应积极参与社会公益事业，传达公司的社会责任观念，推动企业的可持续发展。董事的社会责任观念是否到位，对于公司的形象、声誉和发展具有重要影响。

董事作为公司的决策者和监督者，既要承担决策的权力和责任，又要履行监督的义务。同时，董事还应积极履行社会责任，为公司的可持续发展贡献力量。通过充分发挥董事的角色，公司治理可以更加规范、有效地运行。

二、董事义务与责任的履行与法律风险控制

(一)董事义务与责任的界定

1.维护公司的利益

董事应当全力为公司谋取最大利益，尽忠职守，忠实执行公司的战略决策和经营方针。他们在公司的决策中扮演着至关重要的角色，负有确保决策合理、科学的责任。

2.履行审查和监督职责

他们应当确保公司的决策过程透明、公正，并确保监督机制的有效运作。董事需要通过审查公司经营报告、财务报表等相关资料，对公司的经营状况进行全面评估，发现问题并及时采取措施加以解决，以保障公司利益的最大化。

3.履行披露义务

根据相关法律法规的规定，董事有责任确保公司的信息披露真实、准确、完

整。他们应当积极履行信息披露义务，及时向投资者、股东等各方披露公司的经营状况和重大事项，保障市场的公平、公正。

（二）法律风险控制的策略与方法

1.建立严格的内部控制机制

内部控制是指公司内部针对法律风险的监控和管理体系。董事要制定并确保内控制度和程序的执行，包括明确岗位责任、审计和检查制度、风险评估和预警机制等。通过建立完善的内部控制机制，董事可以及时发现和解决可能存在的法律风险问题。

2.积极关注和学习相关的法律法规

法律风险控制需要董事具备丰富的法律知识和对相关法律法规的了解。因此，董事应定期参加培训和学习活动，加强法律意识和法律素养。董事还应建立与律师事务所或法律专家的良好合作关系，以便在需要时咨询专业法律意见，从而更好地掌握法律风险控制的策略与方法。

3.采取有效的风险防范措施

风险防范是法律风险控制的重要环节。董事应建立并执行风险控制指引，并对公司存在的潜在法律风险进行全面的调查和评估。通过对法律风险进行分类和排序，可以制定相应的防范策略和措施，以最大限度地降低法律风险的发生概率。

4.加强对合规管理的监督

合规管理是指公司在业务运作过程中遵守法律法规、规章制度等相关法律要求的管理活动。董事应确保公司建立健全的合规管理制度，明确合规责任和流程，并对合规状况进行定期检查和监督。董事还应组织专门的合规培训和教育活动，提高全体员工的合规意识，从而有效地控制法律风险。

（三）董事义务与责任履行中的法律风险案例分析

在公司治理结构中，董事作为重要的决策参与者，担负着诸多义务与责任。

然而，由于复杂的商业环境和多元化的利益关系，董事履行职责常常伴随着法律风险。下面将通过分析一些董事义务与责任履行中的法律风险案例，探讨法律风险如何影响董事的职能履行，并提出预防策略。

1. 潜在的利益冲突案例

在某些情况下，董事可能面临与公司利益相对立的个人或组织利益。例如，一些董事可能担任其他公司的高级管理职务，而这些公司又与所在公司存在业务竞争关系。在这种情况下，董事需要特别警惕利益冲突可能带来的法律风险。为预防此类风险，公司应建立严格的利益冲突管理制度，要求董事在履行职责时披露可能存在的利益冲突，并采取相应的措施进行化解。

2. 信息披露不充分或误导投资者的案例

董事在执行职责的过程中，有义务确保公司向投资者提供准确、及时、充分的信息。然而，存在一些案例，董事故意或疏忽地提供虚假或不完整的信息，导致投资者的权益受损。为防范此类风险，建议公司加强信息披露的内部控制机制，建立完善的信息披露流程，并加强对董事信息披露义务的培训与监督。

3. 董事违反公司章程或法律法规的案例

在某些情况下，董事可能违反公司章程的规定，例如，未经股东大会批准擅自签署重大合同。此外，一些董事可能违反了相关的法律法规，例如，向政府官员行贿。为应对这些法律风险，公司应加强对董事的法律法规培训，并建立内部合规制度，明确董事应遵守的法律法规要求，同时加强内部审计与监督，及时发现并纠正董事违反规定的行为。

三、法律风险预防策略

（一）风险预防的理论基础

1. 风险管理理论

根据该理论，风险是不可避免的，通过合理的风险管理措施，可以降低风险的发生概率和影响程度。风险管理的核心是风险识别、风险评估、风险控制和风险监控，只有这样，企业才能及时应对可能产生的风险，避免风险对公司治理产生不利影响。

2. 信息披露理论

信息披露是公司与外部利益相关者之间进行信息交流的重要途径，通过及时、准确地公开关于公司业务、财务状况和风险管理的信息，可以增加公司的透明度，提高外部利益相关者的知情权和决策能力，从而降低公司发生风险的可能性。信息披露还有利于加强公司内部的合作与协调，提高内部人员对风险的认识和识别能力，进一步增强风险预防的效果。

3. 责任约束理论

该理论认为，通过将董事、高管及其他内部人员的责任明确化，并建立起一套完备的责任追究机制，可以有效地规范公司治理行为，降低风险的发生概率。对董事而言，明确其在公司治理中的职责与责任，并且建立有效的激励与制约机制，有助于提高其对风险的警觉性并履行好风险控制的职责。

(二)公司治理中的风险预防策略

1. 建立健全内部控制制度

内部控制制度应该确保公司的运作符合法律法规和监管要求，并对各项业务活动进行规范和监督。例如，公司可以制定明确的流程和标准，确保董事会的决策程序符合法律要求，避免违法行为的发生。公司还应加强对重要岗位人员的监督和管理，确保他们的行为符合法律和道德要求。

2. 加强信息披露

信息披露旨在向投资者、股东和其他利益相关方提供及时、准确、全面的信息。通过及时披露公司的财务状况、业务运作等信息，可以有效减少潜在的法律风险。信息披露还可以增加公司的透明度，降低公司与投资者之间的信息不对称，提高公司的信誉度。

3. 加强与外部法律顾问的合作

公司可与专业的法律顾问建立紧密的合作关系，及时咨询和解决各类法律问题。法律顾问可以提供法律意见和风险评估，帮助公司识别潜在的法律风险，并制定相应的应对策略。此外，公司还应定期进行法律合规性审查，确保公司的业务活动符合法律法规的要求，避免风险的发生。

4.建立健全内部纠纷处理机制

公司应建立起一套完善的内部纠纷解决机制，包括制定明确的处理程序和责任分工以及设立独立的纠纷处理机构。通过及时、公正、有效地处理内部纠纷，可以有效避免纠纷升级为法律诉讼，减少公司的法律风险。

（三）法律风险预防的实施步骤

1.建立并完善内部控制制度

公司应该根据公司治理的需要，制定与公司风险特点相适应的内部控制制度。通过建立明确的内部控制责任制和流程，可以确保规范公司的日常操作，提高风险预防能力。

2.加强对员工的培训与教育

法律风险的预防需要全员参与，而不仅仅是高层管理人员的责任。公司应该通过定期的培训与教育活动，提高员工的法律意识和合规意识，使其具备辨识和应对法律风险的能力。

3.建立有效的风险识别和评估机制

通过定期的风险评估，公司能够识别和量化潜在的法律风险，并及时采取相应的对策。风险识别和评估应该综合考虑公司内外部的因素，包括行业环境、经济政策、法律法规等，以确保公司在法律风险方面有针对性的预防措施。

4.建立健全合规监督机制

合规监督是预防法律风险的重要环节。公司应该设立专门的合规部门或委员会，负责监督公司内部合规程序的执行情况。合规监督可以通过定期的内部审计、风险报告和合规检查等方式进行，以确保公司在法律风险预防方面做到全面、深入、有效。

5.与专业的法律顾问合作

公司应该与专业的法律顾问合作，及时获取法律咨询和风险预警信息。法律顾问能够为公司提供专业的法律意见和建议，帮助公司全面了解法律风险，并及时采取措施进行预防。与法律顾问合作还可以帮助公司应对复杂的法律问题，规避不必要的法律纠纷。

（四）法律风险预防的效果评估

通过对法律风险预防策略的评估，可以了解其在实施过程中的效果，并及时进行调整和改进，以进一步提升公司治理的质量和效果。

评估法律风险预防的效果需要对实施的策略和措施进行全面的梳理和分析。这包括对制定的规章制度、内部控制措施以及风险管理等方面的评估。通过评估这些因素的完备性、合规性和实施效果，可以对法律风险预防的工作进行全面的把握。

评估法律风险预防的效果还需要从效果和成本两方面进行考量。这既包括评估已经发生的法律风险事件对公司造成的影响，也包括评估法律风险预防策略对公司运营和发展的促进作用。还需要对法律风险预防工作的成本进行评估，包括人力、物力和财力的投入以及对企业资源的消耗情况等。

评估法律风险预防的效果需要考虑时间因素。法律风险预防是一项长期的工作，其效果的评估需要考虑过去、现在和未来的全面因素。在评估过程中，可以通过对历史数据、案例分析以及行业趋势等进行研究，来判断风险预防策略的有效性和适应性。

评估法律风险预防的效果还需要与监管机构和相关部门进行沟通和交流。通过与监管机构的合作和交流，可以及时了解最新的监管要求和法律法规的变化，进一步优化和完善风险预防策略，并及时纠正不足之处。

四、监管法规及建议

（一）对现行监管法规的评析

现行监管法规为公司治理提供了基本框架和规范。它们明确了公司董事的职责和义务，规定了董事会的组成和议事程序。监管法规还规定了董事的报告和披露义务,以确保信息透明度和公开性。这些法规的实施,有助于提高公司治理的透明度和效益。

现行监管法规着重强调董事的独立性和职业化。监管法规要求董事会必须包含独立董事,以保证董事会的独立性和决策的公正性。独立董事的存在,有助于减少利益冲突和操纵,并增强公司治理的质量和有效性。监管法规还规定了董事的专业素质和培训要求,以确保董事履职的专业性和合规性。

现行监管法规也存在一些不足和挑战。某些法规存在执行难题。监管部门在实施监管法规时可能面临资源不足,监管力度不够等问题,导致法规的执行效果不如预期。一些监管法规存在灵活性不足的问题。由于公司的特殊情况和发展需求,一些规定可能过于僵化,无法满足实际情况的变化和发展。现行监管法规对一些关键问题的规定较为模糊,导致解释和执行的困难。

为了提升董事履职法律风险防控,有以下几点建议。首先,需要完善监管法规的执行机制和资源配置。监管部门可以增加执法力度,加强对公司治理的监督与指导,确保法规得到有效落实。其次,可以通过加强监管部门与公司、专业机构的合作,建立信息共享和协作机制,以增强监管的针对性和有效性。最后,法规的制定过程应充分考虑各方利益和实际情况,注重灵活性和可持续性。

(二)提升董事履职法律风险防控的法规建议

1.建立健全法律风险管理制度

公司应制定明确的法律风险管理制度,并将其纳入公司治理机制中。该制度应包括明确的法律风险识别、评估和防控的流程和责任分工以及相关的监督和问责机制。通过这样的制度,董事们能够更加有序地履行法律风险防控的责任,减少风险的发生和扩大。

2.加强董事法律风险教育培训

公司应该定期组织董事参加法律风险相关的培训和学习活动,提高他们的法律素养和风险防控能力。培训内容可以涵盖法律法规、公司治理实践和案例分析等方面,旨在帮助董事们更好地理解和应对法律风险。此外,建议公司还可以邀请专业法律团队或律师事务所提供法律咨询服务,为董事们提供及时的法律指导。

3.加强对董事的监督

监管部门应该增强对董事的监管力度,确保他们履行法律风险防控的职责。监管部门可以制定明确的监测指标和评估标准,对董事履职情况进行评估和监督,并及时采取相应的监管措施。此外,建议加强同行业或跨行业之间的经验交流和合作,共同分享法律风险防控的经验和实践,互相监督和促进。

4.加强对公司治理及董事履职法律风险的研究

不断深入研究公司治理结构中的法律风险问题,探索新的法规建议和解决方案,对于提升董事履职法律风险防控的效果至关重要。可以通过开展专题研究、组织学术研讨会等方式,促进学者、从业人员和监管部门的交流与合作,共同推动相关领域的发展。

(三)对未来监管法规发展的预测

随着科技的不断进步和信息技术的普及,未来监管法规将更加注重互联网金融领域的监管。随着互联网金融的快速发展,出现了一些新的金融业态和业务模式,这给监管带来了新的挑战。因此,未来监管法规很可能会对互联网金融平台的安全性、风险管理、合规性等方面加强监管要求,以保护投资者的利益和市场的稳定。

未来监管法规还将更加注重环境可持续发展的监管。随着全球环境问题的加剧和人们对环境保护意识的增强,环境可持续发展已成为全球的共识和重要议题。未来监管法规可能会对公司的环境责任、资源利用效率等方面提出更具体的要求,并加大对违反环境法规的处罚力度,旨在推动企业转型升级和绿色发展。

未来监管法规还将更加注重对跨国公司的监管。随着全球化进程的加快和跨国公司的增多,监管面临着更加复杂的监管难题。未来监管法规可能会加强对跨国公司的信息披露要求、税收合规性、合规风险的管理等方面的监管,以防范和化解跨国公司可能存在的风险和违规行为。

未来监管法规还将更加注重对创新型企业和新兴产业的监管。随着科技创新和经济结构的调整,创新型企业和新兴产业日益成为推动经济发展的重要力量。未来监管法规可能会对创新型企业的融资渠道、知识产权保护、技术标准等方面提出更为灵活和包容的监管方式,旨在为创新型企业和新兴产业提供更好的发展环境。

第三节　公司治理结构中监事职能发挥的法律风险控制

一、公司治理结构与监事职能

（一）公司治理结构概述

公司治理结构是指为了保护股东权益、促进公司健康发展而设立的一整套组织机构和制度安排。在现代公司制度中，一个完整的公司治理结构应该包括董事会、监事会和股东大会这三个核心机构以及其他配套的监管机构和制度。

董事会作为公司最高决策机构，起着决策、监督和管理的作用。董事会的成员通常由执行董事和非执行董事组成，他们应该具备丰富的经验和专业知识，能够正确把握公司的发展战略，确保公司的利益最大化。

监事会是独立于董事会的监督机构，其成员由股东选举产生。监事会的主要职责是对董事会的决策和公司的经营管理进行监督，以保证公司运营的透明度和合法性。监事会的成员应具备独立性，能够独立行使监督职能，确保公司利益不受侵害。

股东大会作为公司的最高权力机构，由所有股东共同决定公司的重大事项。股东大会的决策要求按照法律规定的程序进行，确保股东的意见被充分听取和尊重。股东大会的召开应具备合法性和公正性，以保障股东权益的实现。

为了进一步加强公司治理结构的规范性和有效性，还需要配备相应的监管机构和制度。比如，审计委员会负责对公司财务报告进行审计，内部审计机构负责对公司内部控制体系进行审查，独立董事发挥监督决策的作用等。这些机构和制度的设置能够有效监督和制约公司的决策和行为，提高公司治理的风险控制能力。

（二）监事职能的定义与分类

监事职能是指监事会依据公司法和其他相关法律法规规定，对公司经营管理活动进行监督的职责和权限。监事职能的发挥对于公司治理结构的健全和有效运行至关重要。

监事职能可以从内容上进行分类，包括财务监督、法律合规监督、内部控制监督等。财务监督是指监事会对公司财务状况进行审计和监控,确保公司财务报表的真实性和准确性。法律合规监督是指监事会对公司的经营活动是否符合相关法律法规进行监督,预防和化解法律风险。内部控制监督是指监事会对公司内部控制制度的建立和执行进行监督,保障公司运营的规范性和合法性。

监事职能还可以根据监事的角色和职责进行分类。监事职能主要由内部监事和外部监事共同承担。内部监事由公司内部聘任的员工或职工代表担任,负责日常监督和执行公司治理措施。外部监事则是由公司外部人士担任,独立于公司经营活动,对公司进行独立监督和评估。

(三)监事职能在公司治理结构中的地位

在公司治理结构中,监事职能主要体现在三个方面:监督职能、咨询职能和代表职能。

1. 监督职能

作为独立于董事会的监督机构,监事会有责任对董事会的决策和行为进行监督,以保护股东的权益。监事会可以通过审计董事会决策的合法性和合规性、监督董事会执行公司战略的过程等方式,发挥其监督职能。监事会还可以对公司的财务报告和内部控制进行审查,以确保公司的财务状况真实可靠。监事职能的发挥不仅可以增强公司治理的透明度,还可以预防和纠正潜在的违法行为和风险。

2. 咨询职能

监事会作为公司治理的智囊团,可以向董事会提供专业意见和建议,参与公司重大决策的制定和执行。监事会成员通常具备丰富的企业管理和行业经验,他们可以基于自身的专业知识和法律背景,为董事会提供重要的决策参考。通过发挥咨询职能,监事职能可以帮助董事会更加明晰公司的发展方向和战略规划,提高公司治理的科学性和有效性。

3. 代表职能

监事会可以作为股东代表或中介,与董事会之间建立有效的沟通和联系。作为股东代表,监事会可以向董事会转达股东的意愿和诉求,维护广大股东的利益。同时,监事会也可以通过与董事会的密切合作,将公司治理的改进意见有效地传递给各级管理层,推动公司治理的进一步完善。

二、监事职能的法律规范

(一)法律对监事职能的规定

根据公司法的规定,监事作为公司治理结构中的非执行监督机构,其职能主要包括对公司经营管理情况的监督、检查公司财务状况、审计报告的审查等。根据公司法的规定,监事有权随时对公司的经营管理活动进行检查,包括核查公司账目、财务报告的真实性和准确性,审查合并报表和利润分配方案,以确保公司经营活动的合法性和合规性。

公司法规定了监事的选举、任期和解职等相关规定。按照公司法的规定,监事一般由股东大会选举产生,任期通常为三年。监事的职权和职责由公司法明确规定,监事在履行职责过程中享有合法权益的保护,可以提出对经营管理人或其他从业人员违法违纪行为的监督和检举。此外,监事还可以向股东大会或者法院提起诉讼,维护股东的合法权益。

监事职能的规定涉及监事会的设立和运作。根据公司法的规定,公司可以设立监事会或者独立监事制度,监事会一般由监事会主席和若干监事组成,主席由监事会选举产生,监事会可以对公司经营管理人的行为进行调查,并向股东大会或者法院提出有关责任人的违法、违规行为的控告。监事会在监事职能的发挥过程中起着重要的作用,通过监事会的设立和运作,可以促使监事履行职责更加独立、客观和公正。

法律对监事职能的规定明确了监事的职责和权限,为监事履行职责提供了法律基础和保障。监事通过依法行使监督权,对公司的经营管理活动进行监督,维护公司治理的稳定和健康发展。在实践中,监事要充分发挥法律规定的职能和权限,加强对公司经营管理活动的监督,及时发现和解决经营管理过程中的法律问题,为公司的法律风险识别和控制提供重要的支持和保障。

(二)监事职能的法律责任

就监事的监管职责而言,法律规定了监事应当对公司的经营和管理情况进行监督和检查,对公司的决策是否合法、合规进行评估以及是否有损公司的利益等进行审查。监事需要通过审查财务报表、出席董事会和股东大会等方式来实现监管职责。如果发现公司存在不当行为或违规操作,监事有义务向董事会或股东提出异议，并采取必要措施来保护公司的利益。

监事对个人的法律责任承担负有义务。根据公司法的规定，监事应当按照法律和公司章程的规定履行职责，如违反法律规定或公司章程，导致公司受损，监事将承担相应的法律责任。监事应当保持独立性、公正性和廉洁性，不得利用职权谋取私利，否则将承担法律责任。

监事职能的法律责任属于一种“有责必究”的原则，法律要求监事严格履行职责，确保公司的正常运营和发展。同时，法律也对监事的行为进行了限制和规范，以防止滥用职权或从中谋取私利。因此，监事在履行职责时必须具备高度的责任意识和法律素养，清楚自己的职责和义务，并时刻保持对公司和股东的忠诚和诚信。

为了避免监事职能的法律风险，监事在实践中可以采取一系列的控制策略。首先，加强对公司治理相关法律法规的学习和研究，确保自身具备充分的法律知识和意识。其次，与公司的法律顾问及时沟通，了解公司存在的法律风险，并及时采取相应措施进行控制。再次，监事需要定期审查公司内部的合规制度和流程，确保其完善和有效。最后，监事还应及时报告有关的监管机构，以便及时发现和解决潜在的法律风险。

（三）监事职能实现的法律难题及解决方式

在监事职能的实现过程中，存在着一些法律难题，需要采取相应的解决方式。

1. 监事职能与公司治理之间的平衡问题

监事的职责是监督公司管理层的决策和行为，但在执行过程中，如果过度干预，可能会对公司运营造成不利影响。因此，需要明确监事职能的范围和限制，确保其在公司治理中的合理地位。

2. 法律责任的问题

监事在履行职责时，如果存在过失或不当行为，可能会受到法律的追究。因此，监事需要了解自己的职责和义务，并且要注重合规性，确保自身行为符合法律要求。同时，公司也应建立健全内部控制机制，加强对监事的监督，预防和化解潜在的法律风险。

3. 信息不对称的问题

监事在履行职责时需要获取各项相关信息，但是往往出现信息不对称的情况。为解决这一问题，可以采取多种手段，如加强信息披露制度、建立有效的内部沟通机制等，从而提升监事获取信息的能力，保证其能够有效履行监督职能。

4. 解决监事的专业性问题

监事在履行职责时需要具备一定的专业知识和技能，但是现实中存在监事专业素质不足的情况。为解决这一问题，可以通过加强监事培训、提供专业咨询服务等方式，提升监事的专业水平，使其能够更好地发挥监督职能。

三、监事职能的实现

（一）监事职能实现的基本路径

监事职能是公司治理结构中的重要组成部分，在公司运营和决策过程中起着监督、审计和咨询的作用。实现监事职能需要遵循一定的基本路径，以确保职能能够有效发挥。

1. 建立健全监事制度

监事制度应明确规定监事的职责、权限和工作程序，确保监事拥有独立行使职权的能力。此外，监事制度还应规定监事的选举和任期制度，以保证监事能够独立而公正地履行职责。

2. 加强监事的培训和专业能力提升

监事应具备较高的专业素养和丰富的工作经验，能够熟练运用审计、财务、法律等知识，对公司的运营状况、财务风险等进行全面、准确的评估和监督。因此，公司应加强对监事的培训，并提供必要的学习资源和机会，使监事能够不断提升自身的专业能力。

3. 加强和完善监事与董事会、经营管理层之间的沟通与合作关系

监事作为公司治理结构的重要组成部分，需要与董事会和经营管理层密切协作，形成相互支持与制衡的关系。监事应积极参与公司的决策和管理过程，及时发现和解决可能存在的法律风险和问题。与此同时，董事会和经营管理层也应尊重和支持监事的职权行使，确保监事能够充分发挥监督和咨询的作用。

4. 建立健全监督和考评机制

公司应建立监事的考核标准和评估制度，及时发现和解决监事履职中存在的问题和不足，并根据监事的履职情况进行相应的奖惩和激励。同时，监事也应定期报告其工作情况，向股东和监管机构进行相关的信息披露，以增加对监事履职情况的透明度和公开性。

（二）监事职能实现的方法与步骤

监事职能的实现需要建立起完善的内部机制与制度。为了确保监事能够有效履行职责，公司应当制定适当的规章制度，明确监事的权益和义务，规范监事会的活动和决策程序。与此同时，还应当建立健全信息披露机制，保证监事能够及时获取公司内部的重要信息，从而对公司的运营情况进行监督和评估。

监事的培训与能力提升也是实现监事职能的关键一环。监事作为公司治理结构中的重要角色，需要具备一定的法律、财务和管理知识。因此，公司应该注重监事的培训和专业能力提升，通过开展定期的培训活动，帮助监事加强自身的专业素养和能力水平，提高监事履职能力，更好地发挥其监督职能。

监事的合作与互动是实现监事职能的必要条件。在实践中，监事需要与董事会、管理层以及其他利益相关者保持良好的沟通与合作关系。监事不仅要与董事会保持密切的联系，了解董事会的工作和决策情况，还应与管理层保持互动，及时了解公司的运营情况和存在的问题。监事还应当与独立审计师、律师等专业人士保持联系，获取专业的法律和财务意见，确保监督工作的准确性和有效性。

监事应当建立有效的风险识别与控制机制，以防范法律风险。监事在履行职责的过程中，需要密切关注公司的法律合规风险，及时发现和识别潜在的法律风险，并采取相应的控制策略。建立风险管理框架、完善内部控制措施，加强对重要决策的审查和监督，是实现监事职能的关键一步。

（三）监事职能实现的困难与挑战

1. 监事的权威性和独立性往往受到限制

由于监事多数由公司股东或者高级管理人员提名产生，其在履行监督职责时难以完全独立，存在着难以避免的利益关系。这种情况下，监事的监督可能会受到潜在的影响，导致监事职能的发挥受到限制。

2. 监事缺乏专业素养和知识背景

监事作为公司治理结构中的重要角色，需要具备广泛的专业知识和业务经验，以便能够理解和评估公司内部业务运营状况。现实情况是，一些监事可能缺乏相关的专业背景，无法真正理解公司的运作模式和挑战。这给监事履行职责带来了一定困难。

3. 面临人际关系的压力和冲突

在公司内部，各个利益相关者之间存在着复杂的利益关系网。监事扮演着独立的角色，需要公正、客观地对公司运作进行评估和监督。一些高级管理人员可能会试图施加压力，阻碍监事履行职责。这给监事职能的实现带来了困难，需要监事保持独立思考和抵御压力的能力。

4. 在法律风险识别和控制方面面临挑战

监事需要具备法律知识和风险识别能力，以便能够及时发现和应对公司治理中的法律风险。然而，监事的法律知识水平和风险识别能力可能存在差异，导致对于某些潜在风险的忽视或者判断错误。这给公司带来了法律风险，也给监事履行职责带来了挑战。

（四）监事职能实现的效果评估

为了评估监事职能的实现效果，需要采用一系列客观的指标和方法来衡量。下面将从多个角度对监事职能的实现进行评估，并探讨评估结果所带来的意义与启示。

1. 监事会的工作效率和监督能力

通过审查监事会的工作记录、监事参与公司事务的频率和深度，可以初步了解监事会是否充分履行了其监督职责。还可以考察监事会对于重大决策的审议、提出的异议和改善建议的落实情况以及监事会成员对公司治理议题的专业知识和理解程度。这些方面的评估将为判断监事职能的实际发挥提供重要的参考。

2. 监事对于内部控制制度的监督效果

通过检查监事会对公司内控制度的监督和改进工作，可以了解其对于公司财务报告的真实性和可靠性的保障程度。具体包括监事会对内控制度的审查和合规性检查、对风险管理和内部审计的关注和建议等。这些方面的评估有助于揭示监事职能在公司治理中的规范性和有效性。

3.与公司风险管理的协同效应

监事作为公司治理结构中的重要一环,应能积极参与风险管理的各个环节,并发挥其监督作用。评估监事在风险识别、风险评估和风险控制方面的表现,以及对公司内部控制制度的改进建议是否得到落实等,有助于评估监事职能对公司风险管理的促进作用。

4.法律合规与风险防控两方面的关联

监事职能在法律规范与实现中起到重要作用,因此,对于监事对公司治理结构的依法监督程度的评估也是必要的。可以从监事参与公司合规制度的设立和执行、对公司法律合规性的审查和监督、对法律风险的识别与控制等方面进行评估。这种综合评估有助于全面了解监事职能在法律合规与风险防控方面的作用和贡献。

四、监事职能发挥的法律风险识别与控制策略

(一)监事职能发挥过程中的法律风险

在公司治理结构中,监事职能的发挥扮演着至关重要的角色。然而,在监事职能发挥的过程中,存在着各种潜在的法律风险。这些法律风险可能导致公司治理失灵,甚至引发法律纠纷。因此,监事职能发挥过程中的法律风险需得到充分识别和控制。

1.监事的权力滥用和不作为

监事作为公司治理结构中的一员,拥有特定的权力和职责。在实际工作中,监事的权力边界和职责划分常常模糊不清。这就给监事发挥职能带来了一定的法律风险。如果监事滥用职权或者未能履行职责,可能导致违法行为或者损害公司利益的情况发生。

2.信息披露不透明

监事作为公司治理结构的一部分,应当对公司的内部信息有充分了解,并向

公司董事会和股东进行信息披露。如果监事未能履行正确的信息披露义务，可能导致市场上的信息不对称，甚至引发操纵股价等违法行为。因此，监事应当加强对信息披露的关注，确保信息的透明度和真实性，以降低公司面临的法律风险。

3.股东利益保护不足

监事作为股东代表，应该关注股东利益，维护其权益。在实际操作中，监事可能面临利益冲突和矛盾。如果监事未能妥善处理利益冲突，可能导致公司面临诉讼风险，甚至触犯法律。因此，监事应当加强自身的诚信意识，及时解决利益冲突，确保股东利益得到有效保护。

(二)监事职能发挥的法律风险识别方法

监事可以深入了解和研究相关法律法规、行业标准。只有对法律法规有深入的了解，才能准确判断公司运营是否符合规定以及公司治理是否存在潜在的法律风险。监事可以定期组织学习和讨论会议，邀请法律专家对相关法律进行解读，提高监事团队对法律风险的认知和理解。

监事可以建立健全内部风险识别机制。监事可以与公司内部其他部门进行紧密合作，共同开展风险识别工作。监事可以设置一套完善的风险评估指标体系，通过定期的风险评估和监测，全面了解公司运营中存在的潜在的法律风险。监事还可以通过开展内部调查和审计工作，发现可能存在的违法违规行为，及时采取措施予以纠正。

监事可以加强对外部环境的监测和分析。法律风险往往受到外部环境变化的影响，监事应该密切关注政策法规的更新和变化以及行业动态的发展。监事可以通过定期的外部环境扫描和信息收集，了解法律风险的最新动态，及时进行风险预警和决策，以保证公司的合规运营。

监事可以加强与公司内部和外部的沟通合作。监事可以与公司的法务部门、内部审计部门等建立密切的合作关系，进行信息共享和沟通。同时，监事还可以与外部的律师事务所、专业机构等建立合作关系，以获取更多的专业法律意见和建议，提高法律风险识别的准确性和及时性。

(三)监事职能发挥的法律风险控制策略

在公司治理结构中，监事的职能是非常关键的，他们负责监督公司管理层的行为，确保公司的决策和运营符合法律规范。然而，监事在职能发挥的过程中也面临着一系列的法律风险。因此，为了保障监事职能有效发挥，必须采取相应的法律风险识别和控制策略。

为了识别法律风险，监事应该深入了解公司法律环境，包括公司组织形式、公司法规定以及相关行业法律法规等。通过与专业法律顾问合作，监事可以获取专业的法律意见和建议，帮助他们准确把握监事职能的法律要求，及时发现潜在的法律风险。

监事还可以采取一些法律风险识别的方法。例如，可以建立内部监测机制，定期对公司决策进行审查和分析，以确定是否存在违法或违规行为的风险。监事还可以与公司内部的法务部门密切合作，收集和分析公司经营活动中可能涉及的法律风险，及时提出风险警示和预防措施。

针对已经识别出的法律风险，监事需要采取相应的风险控制策略。一种常用的策略是修订公司治理文件和程序，明确监事的职责和权限，确保他们能够充分发挥监督作用。此外，监事还应该加强对公司管理层的沟通和监督，确保他们遵守法律规定和公司治理要求。同时，监事还应该加强自身的专业能力和知识储备，不断学习和提升自己的法律素养，以更好地履行监督职责。

第四章　新型案例解析

第一节　上市公司治理结构中的法律风险控制案例

一、上市公司治理结构概述

(一)上市公司治理结构的构成

股东是上市公司治理结构的核心,股东通过持有股份而成为公司的所有者。除了少数特殊情况,股东拥有公司的表决权,并通过股东大会行使监督和决策权。

董事会是上市公司的最高决策机构,由董事组成。董事会对公司的长期规划和战略决策负有重要责任。董事会通常由经验丰富、具备相关知识和技能的高级管理人员组成。

高级管理层是上市公司治理结构中的关键角色。他们负责具体的业务运营和日常管理,负责公司的战略执行、经营决策以及营销等方面的工作。高级管理层需要具备专业知识和丰富的经验,以确保公司的持续运营和盈利能力。

监事会在上市公司治理结构中也起着重要的监督和审计作用。监事会由监事组成,负责监督董事会和高级管理层的工作,确保公司的合法合规运营并保护股东权益。

在上市公司治理结构的构成中,还有一些其他要素需要考虑,如内部控制制度和独立董事。内部控制制度是为了保护公司资产和股东权益而建立的一系列制度和规定。它包括公司的内部控制流程、风险管理机制和内部审计等。独立董事作为独立于公司管理层和大股东的独立观察者,主要负责监督公司的经营活动,并为公司提供中立的意见和建议。

(二)法律规定与上市公司治理

作为一种制度安排,法律规定为上市公司提供了明确的治理要求和指引。

法律规定要求上市公司设立董事会,并规定了董事会的职责和权限。董事会作为上市公司的决策机构,承担着对公司整体运营和治理的重要责任。法律规定了董事会成员的资格和选任程序。这一规定旨在保证董事会成员的背景和能力符合公司治理的需要，以保证董事会能够有效履行其职责。

除了董事会，法律规定还对上市公司的独立性提出了要求。根据法律规定，上市公司应该设立独立董事，并规定了独立董事的数量和选任程序。独立董事的主要职责是代表公司的非控制股东利益，监督董事会的工作并提供独立意见。通过设立独立董事，法律规定为上市公司注入了更多的外部监督力量，以提升公司治理的透明度和有效性。

法律规定还对上市公司的信息披露和财务报告提出了具体要求。上市公司作为公众公司，其信息披露的真实、准确和及时性对于维护投资者权益和市场健康发展至关重要。法律规定了上市公司应当公开披露的信息内容和披露方式，并强调了财务报告的审计和准确性要求，以确保投资者能够充分了解公司的经营状况和财务状况，做出明智的投资决策。

(三)上市公司治理中的法律风险

公司面临的法律风险包括合规性风险、合同风险、知识产权风险等。合规性风险是指公司在业务运作过程中是否遵守相关法律法规，如果公司违法或违规行为被曝光，将面临处罚和声誉损失。合同风险则涉及公司与各方签订的合同，包括供应商、客户、股东等合同，如果合同履行过程中出现问题，公司可能面临诉讼和赔偿责任。知识产权风险指的是公司在研发和创新方面的成果受到侵权或盗窃的风险，这可能导致知识产权价值被损害或相关竞争优势丧失。

针对这些法律风险，上市公司需要建立有效的法律风险控制机制。首先，公司需要制定明确的合规性政策和规范，确保业务运作的合法性和规范性。这包括建立内部控制制度、加强内部审计和监督，并定期进行合规性培训，提高员工的法律意识和风险防范能力。其次，公司需要建立健全合同管理机制，包括制定合同审查和管理制度，加强对合同条款的风险评估和谈判能力，同时保障合同的履行和维权能力。最后，对于知识产权风险，公司需要加强知识产权保护意识，建立专门的知识产权管理部门或委托专业机构进行知识产权保护和维权。

除了内部措施，上市公司还需要与外部专业机构建立稳固的合作关系，如律师事务所、风险评估机构等，以获取专业的法律服务和风险评估咨询。通过外部专业机构的支持，公司可以及时了解法律法规的变化，得到专业的法律建议，并及时应对突发的法律风险事件。

上市公司面临的法律风险应引起足够的重视。公司应制定明确的法律风险控制策略，建立健全风险管理机制，并与外部专业机构合作，以确保公司在治理结构中的法律风险得到有效控制。只有这样，公司才能在复杂多变的法律环境中，稳定发展并保护利益。

二、法律风险控制的重要性

(一)法律风险对上市公司的影响

法律风险对上市公司的业务运营和发展造成了直接的制约。作为法律主体，上市公司必须遵守相关法律法规，遵循商业道德规范，否则将面临法律责任和声誉风险。例如，违反反不正当竞争法规定的限制竞争行为、违法虚假广告等都会引发法律纠纷和罚款等后果，不仅造成经济损失，还可能破坏公司声誉。

法律风险对上市公司的治理机制产生深远影响。上市公司作为一种特殊的组织形式，需要建立健全治理结构，以平衡各方利益。法律风险的存在会破坏公司治理的正常运作。例如，高管涉嫌内幕交易、违规披露信息等行为会引发投资者的质疑和诉讼，进而扰乱公司治理结构，动摇投资者信心，这对于公司的长期稳定发展极为不利。

法律风险还可能对上市公司的合规能力造成挑战。随着金融市场的不断发展和法规的不断升级，上市公司需要不断适应和遵守复杂多变的法律条款和要求。由于法律环境的复杂性和不确定性，上市公司在合规方面面临着较大的挑战。例如，环保法规的变化可能导致公司生产方式的调整和成本的增加，违反相关劳动法规则可能引发员工维权诉讼等，这些均给公司的运营带来不小的压力。

(二)法律风险控制的必要性

法律风险控制是保障上市公司稳定经营的重要手段。在当今商业环境中，法律风险无处不在，一旦发生法律纠纷，将直接影响公司的经营和形象。例如，公司存在合同违约、知识产权侵权、劳动纠纷等问题，都可能导致严重的经济损失和声誉损害。因此，通过加强法律风险控制，能够有效预防和化解潜在的法律风险，保障公司的正常经营。

法律风险控制是维护公司利益和股东权益的基础。上市公司的经营活动涉及多方利益相关者，包括股东、债权人、员工、客户等。在和谐的公司治理中，法律风险的管控不仅保证了股东权益的不受侵犯，也维护了其他利益相关者的合法权益。通过建立健全法律风险控制机制，公司能够更好地处理各类利益关系，确保公司利益和股东权益的最大化。

法律风险控制还能够提升公司的竞争力和投资者信任度。在竞争激烈的市场环境中，公司如何展现自身的诚信和合规形象是关键。通过合规经营和有效的法律风险控制，公司能够保持良好的商业声誉，吸引更多的资金和投资者。同时，投资者对公司法律风险控制的信任也能够促进公司获得更多的投资机会和资源支持。

（三）法律风险控制对公司治理的作用

1.有助于建立健全内部管理机制

在处理各类商业交易、合同签订以及日常经营中，上市公司可能面临各式各样的法律纠纷风险。通过制定和实施合规性政策、指导方案以及内部控制机制，公司能够明确各个岗位的职责与义务，加强内部协同，提高工作效率，降低法律风险的产生和蔓延。

2.有助于增强公司治理的透明度和公正性

作为上市公司，公众股东和其他利益相关者对公司的经营管理情况有着强烈的关注。通过建立健全法律风险披露机制，公司能够及时、准确地向股东和投资者披露与法律风险相关的信息，保障信息的透明度，维护市场的公开公正，增强公司治理的可信度和可持续性。

3.有助于提升公司的声誉和形象

随着社会对企业社会责任的要求不断提升，公司治理中是否有效控制法律风险成为外界评价公司的重要标准之一。通过建立健全法律合规管理体系，积极参与社会公益事业并履行法律义务，上市公司将赢得社会的认可与尊敬，提升公司的声誉和形象，从而增强公司在市场上的竞争力和吸引力。

4.有助于保障公司的长期利益和可持续发展

法律风险的发生可能会给公司造成巨大的财务和声誉损失，并对公司的经营活动产生严重影响。通过采取法律风险防控措施，如完善合同管理、规范知识产权保护、建立有效的合规培训机制等，公司能够有效预防和化解法律风险，保障公司的长期利益和可持续发展。

三、法律风险控制的策略与方法

（一）法律风险防控的基本原则

在某上市公司的治理结构中，为了有效控制法律风险，需要遵循以下几个基本原则。

1. 建立健全法律合规体系

公司应该明确法律合规的重要性，并建立一套完善的法律合规体系，包括合规政策、流程和机制。第一，要确定公司的法律责任，明确各个岗位的合规职责和权限，确保公司内部各个层级的动作协调一致。第二，公司应该建立法律合规监督部门，负责监督和审计公司的合规情况，及时发现并纠正潜在的法律风险。

2. 加强内部控制体系

内部控制是防范法律风险的重要手段，公司应该建立完善的内部控制体系，确保公司业务的合规性和规范性。这包括设立适当的审批流程、财务管理制度和风险控制制度，以及建立有效的内部监督和反馈机制。此外，公司还应该加强内部员工的培训和教育，提高员工的法律意识和风险防控能力，以便他们能够主动识别和应对法律风险。

3. 加强对外合作伙伴的合规管理

公司的合规性不仅仅涉及内部的行为，也与外部合作伙伴的合规性息息相关。公司应该与合作伙伴建立良好的业务伙伴关系，确保他们遵守法律法规，不会给公司带来法律风险。在与合作伙伴合作的过程中，公司应该充分了解他们的合规能力和情况，与他们共同制定合规措施，并定期进行合规性的评估和审计。

4. 加强法律风险的识别和分析

公司应该建立起一套有效的法律风险识别和分析机制，及时发现和评估潜在的法律风险。这包括对公司业务和项目的审查，识别其中存在的法律风险，并采取相应的法律措施进行控制和化解。此外，公司还应该密切关注法律法规的更新和变化，及时调整和完善公司的风险控制措施，以确保公司处于合规的状态。

这些原则为公司建立和完善法律风险防控体系提供了重要的指导，对于保护公司的合法权益和提升治理水平具有重要意义。在实践中，公司应该根据具体情况和市场环境，进一步细化和完善这些原则，并根据公司的实际需求来选择和灵活应用相应的法律风险控制策略和方法。只有这样，才能有效降低法律风险对公司的影响，确保公司的长期健康发展。

(二)法律风险防控的具体措施

为了有效地控制和应对公司治理结构中存在的法律风险，该上市公司采取了一系列具体措施。

在公司内部建立了一个全面的法务部门，负责公司的法律事务处理和风险防控工作。该部门主要职责包括：审查和起草各类合同和文件，提供法律咨询和解释，监督和管理公司的合规事项等。通过建立强大的法务团队，公司能够在法律风险防控方面得到专业的支持和指导。

该公司建立了一套有效的风险管理和控制制度，确保对法律风险的全面监测和及时预警。这套制度包括但不限于：建立风险管理委员会，定期进行风险识别、评估和整理，制定相应的风险防控措施和应急预案。公司还建立了风险信息共享机制，确保各个部门之间能够及时地共享风险信息，加强协同合作，做到风险的集中管理和控制。

该公司还注重加强员工的法律意识和风险防控能力。公司定期进行法律培训和教育，提高员工对法律风险的认知和理解。公司建立了一个举报制度，鼓励员工积极报告可能存在的法律风险和违规行为，确保及时处理和解决。通过这些方式，公司能够增强整个组织的法律风险防控能力，降低法律风险的发生和影响。

该公司与专业的法律服务机构建立了紧密的合作关系。这些法律服务机构主要负责公司在法律风险防控上的咨询、代理和解决工作。通过与专业机构的合作，公司可以及时获取法律新动态和相关案例，制定相应的防控策略和措施。同时，专业机构也能够提供专业的意见和建议，确保公司的风险防控工作更加精准和高效。

该上市公司在法律风险防控方面采取了一系列具体措施，包括建立全面的法务部门、制定有效的风险管理制度、加强员工的法律意识和与专业机构的合作等。这些措施全面提升了公司的法律风险防控能力，为公司的可持续发展提供了坚实的保障。未来，公司还需不断完善和优化这些措施，以适应复杂多变的法律环境和风险挑战。

(三)法律风险防控的效果评估

通过定性和定量的方式收集相关数据。定性方法可以通过调查问卷、访谈等方式获取公司内部员工对法律风险防控措施的评价和意见。还可以收集定量数据,如公司的法律违规记录、涉诉案件的处理情况、对法律风险预算的投入等。通过这些数据的收集和整理,可以比较公司在不同阶段的法律风险控制情况,并对其效果进行评估。

借鉴一些常用的评估方法,如关联性分析和回归分析。关联性分析可以帮助找到不同变量之间的相关性,比如,公司治理结构的改变是否与法律违规行为的减少有关。回归分析可以帮助建立数理模型,预测公司未来可能面临的法律风险,并通过控制变量的方法评估不同措施的效果。

借助案例分析的方法,通过比较公司在采取不同法律风险措施时的案例,评估其效果。通过分析公司在一定时间内的法律风险控制情况,可以确定哪些措施是有效的,哪些措施需要改进。

第二节 大型国有企业治理结构中的法律风险控制案例

一、国有企业的治理结构概述

(一)国有企业治理结构的特点

国有企业在产权层面存在着国家所有权的特点。国家拥有国有企业的产权,这意味着国家对国有企业的经营决策具有重要影响力。

国有企业的治理结构具有政府参与的特点。政府在国有企业中扮演着监管和管理的角色,通过国资监管部门对国有企业进行监督和指导,确保国有企业的运营符合国家利益。

国有企业的治理结构也具有权责分明的特点。国有企业的法定代表人、董事会、监事会等治理机构的职责和权力划分清晰,构建了一个相对规范的治理体系。

国有企业治理结构的特点直接影响着其法律风险的控制。首先,国家所有权的特点使得国有企业在决策过程中必须考虑国家利益,尤其是政策导向和国家宏观调控政策的影响。这也意味着国有企业在处理法律风险时需要审慎权衡各种利益，遵守国家法律法规。其次，政府参与的特点使得监管部门在国有企业治理中扮演着重要角色。监管部门通过对国有企业经营活动的监督和检查，对存在的法律风险进行预警和纠正。这样的监管机制能够有效地控制国有企业的法律风险，维护国家的利益和社会的稳定。最后，权责分明的治理结构为国有企业的法律风险控制提供了基础。各级治理机构通过合理有效的运作，确保国有企业在决策和经营过程中遵守法律法规，降低法律风险的发生和影响。

国有企业治理结构具有特殊性和独特性，直接关系到法律风险的控制。国有企业应建立健全治理结构，加强内部监督机制，做好法律风险的识别与防范，以确保国有企业的合法经营，维护国家和社会的利益。同时，政府应加强对国有企业的监管与指导，提供必要的支持与保障，为国有企业的稳定发展创造良好的法律环境和治理机制。只有在良好的治理结构下，国有企业才能更好地控制法律风险，提升竞争力，实现可持续发展。

（二）国有企业治理结构的演变

国有企业治理结构的权力关系发生了显著的变化。过去，国有企业的治理结构具有高度集中的特点，决策权和资源配置权主要掌握在中央政府手中。随着经济体制改革的推进和市场经济的发展，国有企业逐渐向多级治理结构转变。地方政府、职工代表和其他利益相关方开始参与决策和监督，权力分散的趋势逐渐显现。

国有企业治理结构的股权结构发生了变化。过去，国有企业完全由国家所有，股权极度集中。随着国有企业改革的推进，股权多元化和股份制改革得到了推动。国有股权出现了部分私有化或引入国内外投资者的情况。这使得国有企业的治理结构更加复杂，股东之间的权益关系也越发关键。

国有企业治理结构的管理体制发生了重大变革。过去，国有企业的管理主要靠政府部门来实现，高度行政化的管理模式充斥着企业的各个环节。随着市场化进程的加快以及企业自主权的增加，国有企业逐渐实施现代企业制度，引入市场化机制，增强企业的自主决策能力。

国有企业治理结构的社会责任意识得到了提升。过去，国有企业在社会责任方面的表现相对薄弱，主要关注于经济产出和利润最大化。然而，随着社会对企业社会责任要求的提高，国有企业开始重视环境保护、员工福利、社区发展等方面的责任，治理结构也开始将社会利益考虑进去。

国有企业的治理结构经历了从集中到分散、从单一到多元、从行政化到市场化的演变过程。这种演变是国有企业适应经济环境变化、增强竞争力和提升社会形象的必然结果。然而,随之而来的法律风险也不容忽视,因此,进一步的研究和探讨如何在新的治理结构下控制法律风险显得尤为重要和迫切。

(三)国有企业治理结构与法律风险关系探讨

在国有企业的治理结构中,法律风险是一个不可忽视的因素。与私营企业相比,国有企业的治理结构通常更为复杂,涉及政府、董事会、股东等多方利益相关者的管理与监督。这种复杂性使得国有企业更容易面临各种法律风险。

国有企业的法律风险主要体现在政府部门监管不到位、法律规定执行不力等方面。由于国有企业的特殊性质,政府部门在监管上往往存在疏漏和不到位的情况。这使得国有企业在经营过程中可能存在与法律规定不一致的行为,从而引发法律风险。

国有企业的治理结构特点也给了内部员工滥用职权、贪污腐败等行为的机会。由于国有企业通常存在着权力集中、信息不对称等问题,这为一些不法分子提供了可乘之机。他们可能通过滥用职权、虚构业绩等手段获取私利,给企业造成巨大的法律风险。

国有企业的治理结构与法律风险之间还存在着一种相互影响的关系。国有企业作为公共资源的管理者,其治理结构的不健全可能导致法律风险的加大;而法律风险的存在又会对国有企业的治理结构产生负面影响,使其更加脆弱。

针对国有企业治理结构与法律风险关系的探讨,有必要提出一些改进的措施。政府部门应加强对国有企业的监管力度,确保法律规定的执行。同时,国有企业内部应建立健全内部控制机制,加强对权力运行的监督和约束。此外,还需要注重完善与法律风险相关的法规政策,提高对法律风险的预防和处理能力。

二、法律风险控制概述

(一)法律风险控制的含义

法律风险控制是指企业在经营过程中,通过合法合规的方式,预防和应对可能存在的法律风险,以保障企业的正常运营和发展。在大型国有企业治理结构中,法律风险控制扮演着至关重要的角色。

法律风险控制的含义在于对法律风险的识别和评估。企业应通过全面的法律风险识别，了解可能会影响企业运营的法律问题，并评估这些问题对企业的潜在影响。法律风险的识别和评估是为了及时采取措施，预防风险的发生，从源头上控制法律风险的产生。

法律风险控制的含义还包括对法律风险的防范和规避。一旦识别和评估出法律风险，企业应采取相应的措施来规避或降低风险的发生概率和影响程度。这意味着企业需要建立健全内部制度和流程，确保各项业务活动符合法律的要求，并及时修订和完善相关的规章制度，以防范法律风险。

法律风险控制的含义也包括对法律风险的应对和处理。即使企业采取了预防措施，法律风险仍然可能发生。在此情况下，企业应及时应对并妥善处理法律纠纷，以最大限度地减少风险对企业造成的损失。对于可能引发法律纠纷的事项，企业应与专业的法律团队紧密合作，制订出针对性的应对方案，确保法律问题能够得到妥善解决。

（二）法律风险控制的重要性

1. 能够保护企业的合法权益

在复杂多变的商业环境中，企业面临各种法律风险，如合同纠纷、知识产权侵权、劳动争议等。若企业不能妥善控制这些法律风险，将可能导致重大经济损失，甚至影响企业的声誉和品牌形象。因此，通过制定严格的法律合规政策和程序，加强内部控制，企业能够更好地保护自身的权益，并确保业务的正常运转。

2. 有助于企业的经营稳定和持续发展

法律风险的存在可能对企业的经营持续性造成威胁。例如，企业可能面临诉讼、制裁、罚款等后果，这些都会对企业的财务状况和声誉造成不良影响。通过加强法律风险控制，企业能够及早识别并预防潜在的法律风险，降低企业经营风险，确保企业能够稳定发展。

3. 能够提升企业的竞争力

在全球化和市场竞争日益激烈的背景下，合规经营成为企业赢得竞争优势的重要因素之一。通过严格遵守法律法规要求，企业能够建立起良好的企业形象和声誉，增强投资者和消费者对企业的信任度。这有助于企业吸引更多的合作伙伴和投资者，拓展市场份额，进一步提升企业的竞争力。

(三)法律风险控制的实施方法

在处理法律风险时，企业需要采取一系列的实施方法来规避潜在的风险，并确保企业的合法性和可持续发展。下面将介绍一些常见的法律风险控制的实施方法。

1. 加强法律意识和培训

企业应当加强员工的法律培训，提高员工的法律意识和法律素养，让员工清楚了解企业所面临的法律风险，并且知晓如何遵守相关法律法规。只有充分培训员工，增强法律意识，才能有效地预防和控制法律风险的发生。

2. 建立健全法律合规体系

企业应当建立起一套完善的法律合规机制，明确各项法律要求和规范，确保企业的行为符合法律法规的要求。在建立法律合规体系时，还应当注重内部规章制度的完善，加强对企业内部各个环节的监督和管理，防止违法行为的发生。

3. 在关键环节加强风险防控措施

企业可以针对存在较高法律风险的领域和环节，制定特定的风险防控措施，以便提前防范潜在的法律风险。例如，在合同签订和执行过程中，企业可以采取严格的风险评估和审核机制，确保合同的合法性和有效性。此外，在企业并购、投资等重大决策过程中，也应当加强法律专业团队的参与，提供专业的法律意见和建议，以降低风险的发生。

4. 与专业律师团队合作

企业还可以通过与专业律师团队合作，进行定期的法律风险评估和内部审查。律师的专业知识和经验可以帮助企业识别出可能存在的风险点，并给出相应的解决方案。通过定期评估和内部审查，企业可以及时发现并解决法律风险，确保企业的合法经营和发展。

三、某大型国有企业治理结构中的法律风险控制案例分析

(一)企业概述及治理结构分析

下面将对某大型国有企业的概述和治理结构进行分析。首先,介绍该企业的基本概况,包括企业的规模、业务范围和发展历程等。其次,将重点分析企业的治理结构,包括董事会、监事会和高级管理层等。最后,通过对企业治理结构的分析,可以深入了解企业的权力分配、决策机制和监督机制等。对于国有企业来说,治理结构的合理性和有效性对于风险控制至关重要。

针对企业的概述,该国有企业是一家规模庞大的企业,拥有多个子公司和分支机构。主要从事石油化工、能源开发和产业投资等领域。企业在国内外市场享有较高的知名度和影响力。其发展历程经历了多个阶段,起初是一个地方国有企业,经过20多年的发展,逐渐成为全国范围内的大型国有企业。

对于治理结构的分析,该企业设立了董事会、监事会和高级管理层。董事会是企业最高决策机构,由行业内的专业人士和政府代表组成。董事会负责制定企业的战略规划和决策,并对高级管理层进行监督。监事会是企业的监察机构,负责对企业的经营活动进行监督和审计。高级管理层由企业的高级主管和管理团队组成,负责具体的日常管理工作。

在治理结构中,董事会发挥了重要的作用。它通过制定企业的决策机制和内部控制制度,保证了企业的决策公正、风险管理和合规性。监事会的监督作用也起到了一定的风险控制作用。高级管理层作为企业的执行者,负责具体的经营管理和风险控制。其通过制定详细的管理制度,明确各级管理人员的职责和权限,有效地控制了部门间的风险传导。

由于这家企业所处的行业具有较高的法律风险,企业必须加强对法律风险的识别和控制。下一节将重点分析企业的法律风险识别措施,包括风险评估和风险预警机制。同时,将探讨企业在法律风险控制方面的挑战和应对策略。通过对企业法律风险的全面分析,可以为企业提供有针对性的风险控制措施,进一步提高企业的治理效果和业绩表现。

(二)企业法律风险识别

通过对企业内部各个环节和关键业务进行全面细致的分析,可以发现潜在的

法律风险存在。下面将对该企业的法律风险识别进行深入剖析。

通过对企业运营过程中涉及的各项法律法规进行全面梳理和解读，可以明确企业在业务活动中可能面临的法律风险。例如，对于某大型国有企业来说，其涉及的领域可能十分广泛，涵盖了民法典、劳动法、环境保护法、知识产权法等多个方面。因此，要对这些相关法律法规进行全面了解和研究，以便准确把握可能存在的法律风险。

针对企业核心业务，进行风险识别与评估，可以帮助企业发现潜在的法律风险点。比如，在某大型国有企业的生产经营过程中，可能存在违规排污、侵犯知识产权、违反劳动法等问题。通过对这些核心业务环节进行全面细致的审查，结合相关法律规定，可以准确发现可能存在的法律风险。

与外部环境的法律变化也密切相关。定期监测和分析相关法规的变化趋势，了解国家法律政策的最新动态，可以更好地预判可能出现的法律风险。同时，对于所处行业的监管政策、期望和趋势的了解也非常重要。及时掌握法律风险信息，可以为企业规避潜在风险提供有力支撑。

企业内部应建立健全法律风险识别机制。这包括明确责任部门、设立专门的法律事务部门、制定明确的流程与标准等。通过合理的组织架构和流程设计，可以确保风险识别工作在企业治理结构中得到有效落实。

某大型国有企业在法律风险识别方面需要采取全面深入的措施，结合与业务相关的法律法规、核心业务风险、外部环境动态等因素，准确发现存在的潜在风险。并且，建立健全法律风险识别机制，确保风险识别工作在企业治理结构中得以有效实施。只有这样，企业才能更好地规避和控制法律风险，维护企业的可持续发展。

（三）企业法律风险控制措施

对于法律风险的识别和评估，企业建立了一个专门的风险管理部门，负责监测和分析法律风险的变化趋势，并及时提供风险预警报告。这样的做法有助于企业提前预知潜在的法律风险，从而能够更加及时地采取相应的措施进行干预和控制。

为了降低法律风险的发生概率，企业加强了内部管理和监督机制。通过建立健全规章制度和流程，明确岗位职责和权限，有效减少了因人为失误或违规行为而导致的法律风险。另外，企业还加强了对员工的培训和教育，提高了员工的法律意识和风险意识，使其在日常工作中能够更加谨慎和规范地行事，避免法律风险的发生。

企业还积极与专业法律机构合作,建立了法律咨询和风险防范网络。通过与律师事务所、法律顾问公司等机构的合作,企业能够及时获取专业的法律意见和建议,制订相应的法律风险应对策略。同时,企业还定期组织法律知识培训,提升企业内部相关人员的法律素养和风险应对能力,确保在面对法律风险时能够做出正确的决策和应对措施。

企业确立了法律风险管理的责任体系。高层领导通过制定和发布相关的治理文件,明确了各级管理人员在法律风险控制方面的职责和权责。此外,还建立了全面、有效的风险信息报告和反馈机制,确保各级管理人员及时了解和掌握企业各个领域的法律风险情况,并及时采取相应的控制措施。

(四)企业法律风险控制效果评估

企业为了保障自身的合法权益和稳定发展,必须采取一系列的法律风险控制措施。下面将对某大型国有企业在法律风险控制方面的效果进行评估。

通过对企业内部的法律风险识别工作进行调研了解,发现企业在法律风险识别方面采取了多种手段和方法。例如,通过设立法律风险管理部门,建立健全风险管理制度,并聘请专业的法律顾问团队提供及时的法律咨询服务。企业还进行了定期的法律风险培训,增强员工的法律意识和风险防范能力。这些措施不仅为企业识别和控制法律风险提供了重要的保障,也提高了企业整体的法律合规水平。

针对已经识别出的法律风险,企业采取了一系列的控制措施。例如,制定了清晰的法律风险管理方案,明确责任分工和控制目标,确保风险的有效控制和处置。企业建立了风险报告和跟踪机制,定期对法律风险进行评估和监测,及时采取相应的调整措施。通过这些控制措施,企业能够有效地降低法律风险对企业经营活动的影响,保障了企业的稳定运营。

在评估企业法律风险控制效果时,主要从以下几个方面进行考察。首先,法律风险的控制效果,即企业实施风险控制措施后,法律风险的发生频率和影响程度有没有得到有效控制。其次,法律合规水平,企业是否按照相关法律法规的要求进行经营活动,是否存在违法违规行为。最后,还需要考察企业在法律纠纷处理方面的效果,即企业在面临法律纠纷时,能否及时妥善解决,并避免或减少不良后果的发生。

通过实地调研和数据分析,发现某大型国有企业在法律风险控制方面取得了显著的成绩。企业的法律风险发生频率明显降低，影响程度也大幅减少。同时，企业的法律合规水平较高，经营活动中没有发现重大违法违规行为。此外，企业在面临法律纠纷时能够及时妥善处理，并成功避免或减少了不良后果的发生。这些成绩的取得离不开企业高度重视法律风险控制、完善的风险管理制度以及专业的法律团队的支持。

某大型国有企业在法律风险控制方面取得了显著的成果。但仍需进一步提高法律风险的预防和应对能力，随着经济环境的变化和法律法规的更新，企业需要始终保持警惕，不断改进和完善法律风险控制措施，以保障企业持续稳定地发展。

四、法律风险控制的优化策略

(一)法律风险控制的原则

为了有效应对和控制法律风险，企业需要遵循一系列原则。下面将对法律风险控制的原则进行分析和探讨。

1. 风险识别和评估原则

企业应该通过全面、系统的风险识别和评估机制，准确地识别和评估出可能存在的法律风险。这意味着企业需要从内外环境中收集和分析相关信息，包括法律法规、政策文件、司法案例等，以辨识潜在的法律风险。

2. 法律合规原则

企业必须严格遵守国家法律法规和行业规范，建立健全内部合规制度和流程。这包括制定合规政策、规章制度、流程和培训，明确各级管理人员和员工的合规责任。此外，企业还应该建立监测和评估机制，及时检测和纠正合规风险。

3. 风险防范和控制原则

企业应该通过建立完善的内部控制制度，加强风险预防和控制措施的落实。这包括内部控制政策、流程和制度的设计与实施以及风险的监控、预警和应对机制的建立。企业应该制订灵活的应急预案，以处理可能出现的法律风险事件，并及时采取措施降低风险的影响。

4.学习和改进原则

企业应该始终保持学习和改进的态度，通过总结经验教训、开展培训和教育，不断加强对法律风险控制的认识和能力。同时，企业还应该关注法律法规和市场环境的变化，及时调整和改进自身的法律风险控制机制，以适应新的挑战和需求。

（二）法律风险控制的具体措施

1.建立健全法律合规体系

企业应制定并严格执行相关法律合规制度，包括制定合规守则、标准操作程序和内部控制制度，以确保员工在业务活动中的行为合法合规。

2.加强内部风险警示机制

企业需要建立完善的内部监控和风险管理体系，通过定期开展风险评估和内部审查，发现风险点和漏洞，以便及时采取相应的纠正和应对措施。企业还应加强员工培训，提高员工法律意识和合规意识，有效预警和应对潜在的法律风险。

3.与外部机构建立良好的合作关系

企业可以与律师事务所、审计机构等专业机构建立合作关系，及时获取专业法律咨询和审计意见，为企业的法律合规和风险控制提供有效支持。此外，企业还可以加强与监管部门的沟通与合作，及时了解相关法律法规的动态变化，确保企业的经营活动符合法律要求。

4.建立健全风险应对机制

企业应建立健全应急预案和风险管理流程，明确风险应对的责任与流程，及时采取相应的措施应对风险事件，保障企业的正常经营。在应对风险事件时，企业还应积极与相关方沟通协调，寻求专业法律支持和解决方案，以最大限度地减少风险对企业造成的损失。

（三）法律风险控制的难点及解决方案

1.法律环境的复杂性和变化性

现代商业活动涉及的法律法规繁多，且不断更新。企业需要时刻跟进法律的变化，确保自身的行为符合法律要求。这需要企业法务团队具备高度专业的知识和能力，以便及时识别和评估法律风险，并采取相应的措施予以控制。

2. 国有企业治理结构本身存在着复杂性

这些企业往往由多个层级和部门组成，各级部门之间存在着分工与合作的关系。而不同部门之间的沟通和协调往往面临着困难，这给法律风险控制带来了一定的挑战。例如，一个风险可能涉及多个部门的业务活动，如果各个部门不能有效地合作和沟通，那么法律风险的控制将受到影响。

3. 信息收集和分析的困难

法律风险控制需要对各种内外部的信息进行收集、整理和分析，以便及时了解和评估潜在的法律风险。信息的获取和分析是一项复杂而烦琐的工作，需要消耗大量的时间和人力资源。对于国有企业来说，信息的收集和分析可能涉及多个部门和业务领域，这增加了法律风险控制的难度。

针对这些法律风险控制的难点，国有企业可以采取一系列的解决方案。首先，企业应当建立起专业的法律团队，拥有充足的法律知识和经验，能够及时识别和评估法律风险。其次，企业应当加强不同部门之间的协作与沟通，建立起有效的信息共享机制，以便能够快速而准确地掌握各个部门的业务情况。最后，企业还可以利用信息技术手段，对大量的信息进行收集和分析，提高信息的获取效率和分析精度。

在国有企业治理结构中，法律风险控制是一项重要而复杂的工作。面对法律环境的复杂性、企业内部的复杂性以及信息收集和分析的困难，企业需要采取相应的策略和措施。只有通过专业的团队建设、有效的部门协作和信息技术的应用，才能够更好地控制法律风险，保障企业的经营安全和发展稳定。

第三节 创新型企业治理结构中的法律风险控制案例

一、创新型企业治理结构概述

（一）创新型企业治理结构的定义与特性

创新型企业治理结构是指为了适应快速变化的市场环境和创新发展的需要，

采用灵活、适应性强的治理机制和结构。相比传统企业的治理结构，创新型企业更加注重灵活性、高效性和创新性。其定义与特性可以从以下几个方面进行探讨。

创新型企业治理结构的定义在于其强调对创新活动的支持和促进。在创新型企业中，创新是核心驱动力，因此，其治理结构需要能够提供有效的创新支持。例如，创新型企业的治理结构通常包括创新委员会或创新董事会，负责制定创新策略、资源分配和创新项目的管理。

创新型企业治理结构的特性之一是快速决策和灵活的组织架构。在快速变化的市场环境中，创新型企业需要能够迅速做出决策，以适应市场需求和竞争压力。因此，其治理结构通常较为扁平化，决策权下放到更低的层级，以提高组织反应能力和执行效率。

创新型企业治理结构的特性还包括强调创业文化和激励机制。创新型企业注重激发员工的创新潜能和创业精神，鼓励员工提出创新想法和解决问题的能力。因此，在治理结构中，创新型企业会重视建立相应的激励机制，例如，股权激励、项目奖励等，以激发员工的创新动力。

创新型企业治理结构的特性还表现在其与外部合作伙伴的关系。创新型企业通常会与其他企业、研发机构、投资者等建立合作关系，共同推动创新发展。因此，在其治理结构中，创新型企业需要考虑如何建立良好的合作伙伴关系和协同机制，以实现资源共享和风险分担。

（二）创新型企业治理结构的发展现状

随着科技和经济的快速发展，创新型企业在市场竞争中扮演着重要的角色。创新型企业的治理结构是其成功的关键之一。下面将要探讨创新型企业治理结构的发展现状。

创新型企业治理结构的特殊性决定了其与传统企业有所不同。创新型企业更加注重创新与灵活性，在决策层面上更加开放和民主。相反，传统企业的治理结构相对保守，决策权集中在少数高层管理人员手中。创新型企业治理结构的灵活性使其能够更好地应对市场的变化，加快决策的速度，提高创新的效率。

创新型企业治理结构的发展现状受到外部环境的影响。随着国内外市场环境的不断变化，创新型企业不得不调整其治理结构以适应新的挑战。例如，在竞争激烈的行业中，创新型企业往往倾向于采用扁平化的管理结构，以便更好地激发员工的创新潜力和积极性。同时，创新型企业还注重引入外部人才，以获取新的创意和知识。这种开放的治理结构有助于创新型企业建立起合作伙伴关系，共同面对市场竞争。

创新型企业治理结构的发展也受到行业特性的影响。不同行业的创新型企业在治理结构上存在差异。例如，高科技行业的创新型企业通常注重科研团队的建设和合作，具有扁平化的管理结构。而生物医药行业的创新型企业则更加注重研发与生产的结合，更倾向于集中式的管理结构。因此，创新型企业在选择治理结构时需要与行业特性相匹配，以实现资源的优化配置和创新能力的提升。

（三）创新型企业治理结构与法律风险的关系

创新型企业治理结构是指为了适应创新型企业特殊的生态环境和运营模式而进行设计的一套管理机制和规则。这种治理结构的设计旨在促进创新、灵活应对市场变化，并确保企业管理的效率和合规性。然而，由于创新型企业的特殊性，其治理结构可能面临一系列法律风险。

创新型企业一般具有较高的技术含量和知识密集度，这使得其遭受知识产权侵权的风险增加。因此，在设计治理结构时，需要充分考虑知识产权保护的重要性，并采取相应的措施，如建立专门的知识产权管理部门，加强知识产权的监管和维护。

创新型企业在市场竞争中往往面临产品仿制、商业秘密泄露等风险。为了降低这些风险，企业可以通过建立严格的保密协议、引入技术安全措施等途径来保护自己的核心竞争力。在治理结构设计中，应该考虑将这些保护措施纳入企业日常运营的各个环节，确保其有效实施。

创新型企业在合作与合同签订过程中也存在法律风险。因为创新型企业通常需要与其他企业、机构以及政府部门进行合作，对于合作协议的条款和条件要求较为复杂。在治理结构的设计中，应该设立专门的合法事务部门或法律风险管理团队来负责合同的审查和谈判，以确保企业在合作过程中的合法权益。

创新型企业的治理结构还需要关注行业监管和法律法规的变化。创新型企业常常处于技术和商业模式的领先地位，但在这个过程中，也需要密切关注相关法规的变化与调整，以确保企业的合法性和合规性。治理结构中应该设立专门的合规审核部门或委员会，负责监测和评估相关法律变化对企业的影响，并及时调整和修订相应的制度，以保持企业经营的合法性和稳定性。

二、法律风险控制案例分析

(一)案例选取与描述

本次选取的案例是某创新型企业的治理结构中的法律风险控制案例。

该企业是一家以技术创新为核心的公司,其治理结构相比传统企业较为灵活和创新。选择该案例的原因是,该企业在快速发展的过程中,面临着各种法律风险。通过对该案例的分析,可以深入了解其法律风险的特点以及相应的控制策略。

该企业的主营业务是研发和生产高新技术产品,在市场上具有一定的竞争优势。由于行业竞争激烈,该企业在技术领域的创新速度较快,这也带来了一系列的法律风险。

其中,一项主要的法律风险就是知识产权保护问题。作为一家技术创新型企业,知识产权的保护对于其生存和发展至关重要。然而,由于技术领域的复杂性和不确定性,该企业经常面临着知识产权被侵权的风险。在案例中,将详细描述该企业所面临的知识产权侵权案例,并分析导致该风险的原因。

除了知识产权保护,该企业还面临着合同纠纷、劳动法律风险等多个方面的法律风险。这些风险不仅来自内部,也来自外部的合作伙伴和供应商。在案例描述中,将重点关注这些法律风险,并分析导致风险的原因以及相应的控制策略。

通过对该案例的研究,将深入了解该企业所面临的法律风险的特点,并提出相应的法律风险控制策略。将进一步讨论该案例中的法律风险识别和法律风险控制策略,以期为其他创新型企业的治理结构提供有益的借鉴和经验。

(二)案例中的法律风险识别

在本案例中,将重点分析创新型企业的法律风险,并有效识别出存在的问题。针对这些问题,需要制定相应的法律风险控制策略。

在创新型企业的运营过程中,知识产权的保护问题是一个重要的法律风险。这种企业经常涉及技术创新和知识产权的开发,但存在未及时申请专利、商标等知识产权保护措施的情况。因此,在法律风险识别阶段,需要具体了解企业的知识产权情况,并及时为尚未保护的技术进行专利申请,以减少侵权风险。

随着企业的发展壮大,与外部合作的机会也相应增加。这种合作往往涉及合同风险。因此，在法律风险识别过程中，需要仔细审查企业与外部合作伙伴签订的各类合同。特别是在技术转让、合作开发等方面，必须明确合同的条款和义务，以减少合同争议和法律风险的发生。

创新型企业通常涉及员工的人员流动和竞业限制等问题。因此，在法律风险识别阶段，需要审核企业的劳动合同和竞业条款，确保员工离职后不会泄露企业的商业秘密，从而保护企业的利益。

重点关注企业与监管机构之间的合规风险。创新型企业往往面临监管政策的不确定性和频繁变化，因此，在法律风险识别过程中，需要密切关注行业的相关法规和政策，确保企业的经营活动符合法律规定，避免违规行为带来的法律风险。

在本案例中的法律风险识别阶段，需要重点关注知识产权保护、合同风险、员工流动和合规风险。通过全面认识和识别这些风险，能够制定出有针对性的法律风险控制策略，从而最大限度地保护创新型企业的合法权益。通过案例分析，可以深入了解这些法律风险识别的方法和策略，并为创新型企业提供有益的借鉴和指导。

(三)案例中的法律风险控制策略

该创新型企业在面对法律风险时采取了一系列巧妙而有效的控制策略。

公司建立了一个专门的法律事务部门，并聘请了经验丰富的法务专家负责日常法律事务的处理和风险控制。这个部门以法律合规为核心，细化了各项法律风险的监测和评估流程，确保企业在业务开展过程中始终符合相关法律法规的规定。

该企业注重内部法律培训和意识提升。该企业定期组织内部培训，包括法律知识普及、法律风险案例剖析等，以提高员工的法律意识和风险识别能力。企业还建立了一个法律风险咨询平台，员工可以随时向专业法律顾问咨询有关法律问题，以确保业务操作的合规性。

在法律风险的控制策略上，该公司采取了预防控制和应对措施相结合的方法。预防控制方面，该企业定期进行风险评估，通过制定明确的操作规程、管理制度和内部控制措施来规范业务流程，降低潜在的法律风险。此外，公司还与律师事务所建立了合作关系，以及时获取专业法律意见，确保企业在业务决策中不会受到法律漏洞的影响。

而在应对措施方面，该企业建立了一个快速反应机制，以便能够及时有效地处理法律争议和纠纷。该企业与专业争议解决机构建立了紧密的合作关系，遇到法律纠纷时能够迅速调动资源，并寻求最佳解决方案。此外，该企业还参与了行业协会和专业组织，以借助集体力量解决特定领域的法律问题和风险。

该创新型企业在法律风险控制方面采取了多种策略。通过建立专门的法务部门、加强内部法律培训和建立风险咨询平台，企业提高了员工的法律意识和风险识别能力。同时，通过预防控制和应对措施相结合的方式，该企业有效地降低了法律风险的发生概率，并能够迅速应对和解决法律纠纷。这些措施的成功实施为企业的可持续发展提供了坚实的法律保障。

三、法律风险控制在创新型企业治理结构中的应用

（一）法律风险控制的策略与方法

在创新型企业治理结构中，法律风险控制是确保企业安全发展和可持续发展的关键要素之一。为了有效应对和控制法律风险，创新型企业需要制定合适的策略与方法。

1. 创新型企业应该建立健全法律合规框架

包括确保企业遵守相关法律法规和行业规定，制定并落实内部控制制度和流程。企业应加强对员工的培训，提高他们的法律意识和合规意识，确保员工能够遵守法律规定。

2. 创新型企业应该加强对合同管理和风险评估的重视

合同是企业与外部各方之间的约束和约定，合同的合规性和有效性对企业的运营至关重要。因此，创新型企业需要建立完善的合同管理体系，包括合同起草、审查、执行和监督的全过程管理。同时，企业还应该进行风险评估，识别潜在的法律风险，并采取相应的防范措施。

3. 创新型企业应该积极与专业的法律服务机构合作

法律服务机构具有专业的法律知识和经验，可以帮助企业解决复杂的法律问题。与法律服务机构合作，可以为企业提供及时的法律建议和风险防范措施，帮助企业降低法律风险。

4.创新型企业应该加强与监管机构的沟通与合作

监管机构是对企业进行监管和监督的重要机构，与其保持良好的沟通和合作关系，可以帮助企业了解政策法规的最新动态，遵守相关要求，减少法律风险。同时，企业也可以积极参与行业协会和商会等组织，共同制定和推动行业的自律规范，提高整个行业的法律风险防范能力。

（二）法律风险控制的实施过程

创新型企业应建立一个科学、规范的法律风险识别和评估机制。这一机制包括制定风险识别指南和评估标准，明确责任人和流程，并建立法律风险档案，便于对风险进行监控和跟踪。通过这一步骤，企业能够及时发现潜在的法律风险，并评估其对企业发展的影响程度。

企业应针对已经识别和评估出的法律风险，制定相应的控制策略和措施。这包括建立相应的内部控制制度和流程，明确行为准则和规范，加强人员培训和意识教育，规范合同管理和权益保护等方面的工作。通过这一步骤，企业能够有效防范和减轻法律风险的发生，降低风险对企业经营的不利影响。

企业应将制定的法律风险控制策略和措施付诸实施，并建立相应的监督和审查机制。这包括定期进行内部审计和风险评估，及时发现和纠正风险控制中的漏洞和问题。同时，企业还需加强与外部法律机构的合作，获取专业的法律咨询和建议，确保法律风险控制的有效实施。

企业应对法律风险控制的实施效果进行评价和总结。这包括对企业内部各项控制措施的有效性进行评估，及时调整和优化策略，提高控制效果。同时，还需进行风险事件的追溯和案例分析，总结经验教训，为进一步完善法律风险控制提供参考。

（三）法律风险控制的效果评价

为了评估法律风险控制的效果，需要进行全面的评价与分析。下面将从风险控制的目标、方法和效果三个方面来进行评价。

评价法律风险控制的目标是判断其是否与企业治理的整体目标一致，能否有效减少和防范法律风险的发生。例如，企业是否通过完善的内控制度和规范的流程来降低法律风险的概率，是否建立了有效的合规机制来确保企业在法律框架内运营等。通过对这些目标进行评价，可以判断企业的法律风险控制策略是否合理。

评价法律风险控制的方法是衡量其在实际应用过程中的有效性和可行性。这包括评估企业内部对法律风险管理的组织和协调机制以及采取的具体措施和技术手段。例如，企业是否制定了风险防控措施和应急预案，是否开展了风险评估和风险监测，是否建立了与法律相关的培训和教育机制等。通过对这些方法进行评价，可以判断企业的法律风险控制实施是否具有可操作性和有效性。

评价法律风险控制的效果是对其实施后的成果和效益进行评估。这包括评估企业在法律风险控制方面的成绩和表现以及是否达到预期的效果。例如，企业是否成功减少法律诉讼风险和经济损失，是否提高了员工的法律意识和合规意识，是否取得了相关部门和外部利益相关方的认可和好评等。通过对这些效果进行评价，可以判断企业的法律风险控制是否达到预期目标以及是否需要进一步完善和调整。

（四）法律风险控制的优化建议

在法律风险控制中，创新型企业应当建立一个全面、系统的法律合规框架。这意味着企业应当制定并严格执行法律合规政策和程序，以确保企业各个层面的活动符合适用的法律法规。企业应当建立专门的合规部门或指定专职人员负责监督和落实相关政策和程序，并提供培训和指导以确保员工遵守法律规定。

创新型企业应当加强内部控制体系的建设，特别是在法律风险控制方面进行加强。企业应当建立一个有效的内部控制机制，包括明确的责任和权限分工、内部审计和风险评估以及内部报告和监察等环节。通过加强内部控制体系，企业可以及时发现和应对潜在的法律风险，并降低其对企业的影响。

创新型企业应当积极与外部专业机构合作，寻求专业的法律支持和咨询。法律风险是一个复杂而庞大的领域，需要专业的知识和经验来应对。企业可以与律师事务所、风险评估机构以及专业的法律团队合作，共同制订和实施有效的法律风险控制方案。这样的合作不仅可以提供及时的法律咨询和支持，还可以为企业提供法律风险管理的最佳实践。

创新型企业应当建立一个健全的法律风险监测和预警机制。企业应当密切关注法律和政策的变化，及时调整和优化自身的法律风险控制措施。通过建立有效的监测和预警机制，企业可以更好地应对可能出现的法律风险，并采取相应的措施进行控制和应对。

参考文献

[1]柏利忠,王以成.上市公司法律风险防范、控制与化解[M].北京:法律出版社,2022.

[2]冯宇.企业法律风险防控与合规指南[M].北京:法律出版社,2022.

[3]杨飞翔.融资之道:公司融资路径与法律风险控制[M].2版.北京:法律出版社,2022.

[4]邓明辉.担保措施的法律风险控制与实务[M].北京:中国政法大学出版社,2021.

[5]周昌发.企业法律风险防范的原理与实务[M].北京:社会科学文献出版社,2021.

[6]万方.公司法律顾问——实务操作与案例解析[M].武汉:武汉大学出版社,2021.

[7]赵海燕,刘晓霞.公司全程法律风险防控实务操作与案例评析[M].2版.北京:法律出版社,2021.

[8]雷莉,刘思柯.公司治理法律实务:88个全真案例精准解读公司治理风险防范之道[M].北京:中国法制出版社,2021.

[9]毕秀丽.网络安全、大数据公司境内外上市案例分析与法律风险防范[M].北京:法律出版社,2020.

[10]王咏静.企业法律保障与风险防范[M].北京:清华大学出版社,2021.

[11]张思星.企业法律风险防范实务操作与案例精解[M].中信出版集团股份有限公司,2021.

[12]杨雄俊,徐涛.企业常见法律风险及防范研究[M].北京:台海出版社,2021.

[13]蒋涛,唐莹.中小企业法律风险防控研究[M].北京:中国商务出版社,2020.

[14]张秀惠,王玉亮.企业法律风险防控指引[M].济南:山东人民出版社,2020.